« RÉPONSES »

Collection dirigée par Joëlle de Gravelaine

DU MÊME AUTEUR

chez le même éditeur :

TOUT SE JOUE AVANT SIX ANS
LE PÈRE ET SON ENFANT
AIMER SANS TOUT PERMETTRE
ÊTRE GRANDS-PARENTS AUJOURD'HUI

FITZHUGH DODSON

VIVRE SEULE AVEC UN ENFANT

Une mère épanouie, un enfant heureux

Traduit de l'américain
par Yvon et Nicole Geffray

ROBERT LAFFONT

Couverture : photo Peter Correz/Fotogram-Stone

Titre original : HOW TO SINGLE PARENT

ISBN 2-221-07188-3
(Édition originale :
ISBN 0-06-015492-6 Harper & Row Publishers, New York)

A Jenny, la femme adorable qui a fait la mise en page de huit de mes ouvrages, et grâce à qui j'ai appris à réduire à dix-neuf mots ce que j'avais dit en vingt-six.

VIVRE SEULE AVEC UN ENFANT

1.

QU'EST-CE QU'UN PARENT SEUL ?

Beaucoup de gens pensent qu'un parent seul est nécessairement une mère qui travaille car elle doit prendre soin de ses enfants puisque telle est sa mission.

Mais j'hésite à donner comme définition du parent seul la mère dont la vie se limite à travailler et à élever ses enfants. C'est autant une erreur pour un parent seul que pour un couple que de centrer leur vie sur l'éducation de leurs enfants. En règle générale, la priorité essentielle de la famille doit être la relation entre mari et femme. L'éducation des enfants vient en second. Toutefois, évidemment, plus les enfants sont jeunes, plus ils ont besoin de protection et de soins. Mais si les parents se consacrent exclusivement à eux, leur relation de couple risque tôt ou tard de se détériorer en même temps que la vie affective de leurs enfants.

Les mêmes lignes de conduite s'appliquent à la mère seule. Sa première priorité est de s'occuper d'elle-même en tant qu'individu, ce qui implique une vie sociale satisfaisante. Si, en dehors de son travail, elle se consacre entièrement à ses enfants, ce n'est pas un cadeau qu'elle leur fait.

En fait, je parle de la mère en tant que parent seul car c'est d'elle qu'il s'agit dans la majorité des cas. Les statistiques prouvent qu'il y a beaucoup plus de veuves que de veufs avec de jeunes enfants. Et les femmes représentent environ 95 % des parents divorcés qui ont la garde de l'enfant. On doit malheureusement reconnaître que les pères seuls privés du droit de garde ont un rôle passif et très peu efficace.

Comme je l'ai déjà dit, la mère qui se consacre entièrement à ses enfants ne leur fait pas de bien. C'est la qualité de l'attention qui leur est portée qui importe et non pas la quantité. Et cette qualité ne peut être dispensée que par une mère raisonnablement heureuse et satisfaite de sa propre vie. La mère qui se sacrifie continuellement à ses enfants nourrira tôt ou tard dans son subconscient un sentiment d'hostilité à leur égard qui finira par ruiner leur relation. Cette forme de sacrifice devient également un fardeau pour les enfants.

Un adolescent de ma connaissance a fini par demander à sa mère pourquoi elle ne sortait pas avec des amis comme les autres mères seules. Il exprimait un sentiment tout à fait naturel pour un enfant dans sa situation. Il ressentait le poids du trop grand intérêt de sa mère comme oppressant, lassant et étouffant. Il aurait souhaité qu'elle le laisse parfois un peu seul et qu'elle se consacre à quelqu'un d'autre que lui.

Les mères qui se sacrifient s'imaginent souvent que leurs enfants leur seront un jour reconnaissants de tout ce qu'elles ont fait pour eux. Elles risquent d'être bien déçues. J'ai rencontré jadis une patiente, mère seule de quarante-deux ans, avec quatre enfants de neuf à dix-huit ans. Dans les premières années après le divorce, elle s'était entièrement consacrée à eux. Elle avait refusé les invitations auxquelles elle serait allée volontiers. Elle avait rencontré peu d'hommes, bien qu'elle fût pleine de charme, car il lui semblait que le temps qu'elle passait à sortir était volé à ses enfants. Elle était certaine qu'ils lui étaient reconnaissants de l'attention qu'elle leur prodiguait.

Pendant les séances de psychothérapie, j'avais essayé de lui faire voir qu'elle avait placé certaines de ses priorités au second rang. Puis arriva la fête des mères, l'année des dix-neuf ans de son fils aîné. En me racontant cela, elle passait alternativement des pleurs à une colère violente.

Elle me raconta que toute la journée, elle avait imaginé que les enfants lui avaient préparé une surprise, car ils se comportaient comme n'importe quel autre dimanche. Elle avait donc attendu très longtemps. Comme ils s'étaient contentés d'avaler rapidement les repas qu'elle leur avait préparés pour filer dehors précipitamment, elle commença à imaginer qu'il n'y aurait aucune surprise. En fait, elle arriva avec beaucoup de réticence à la conclusion que les enfants avaient oublié la fête des mères.

Finalement, elle leur en fit la remarque au dîner. Ils s'en montrèrent tous désolés et reconnurent qu'ils avaient tout simplement oublié. En pleurs et furieuse, elle leur dit : « Après tout ce que j'ai fait pour vous toute l'année et tous les sacrifices que cela m'a demandés, vous ne songez même pas à me souhaiter une bonne fête et à m'écrire une malheureuse carte. Je ne parle même pas d'un cadeau ! » Elle était partie en claquant la porte et était allée se calmer chez une voisine, en laissant la vaisselle à faire à ses enfants. Quand elle revint une heure plus tard, la cuisine était étincelante et les enfants lui avaient écrit une lettre d'excuses, en lui annonçant quelles corvées ils feraient dans la semaine pour réparer leur oubli. Mais la mère avait beaucoup appris de cet épisode. Elle me dit qu'elle avait décidé de cesser de vivre pour ses enfants et qu'elle allait commencer à vivre pour elle.

Chères mères seules, à qui je m'adresse, j'espère que c'est cette philosophie que vous adopterez, sans négliger vos enfants pour autant mais en vous assurant que vous prenez aussi soin de vous-mêmes. C'est pourquoi, dans ce livre, je ne m'adresserai pas à vous seulement en tant que parent. Nous discuterons de tous les aspects de votre vie, de parent, de femme qui a une activité professionnelle, de femme qui subit de façon si pressante les contraintes du temps, d'adulte avec vos propres amis, d'amante et peut-être d'épouse d'un nouvel homme. Vous êtes tout cela, et ce serait une injustice de laisser de côté un de ces aspects.

Dans mes autres livres, j'expliquais à la mère d'un couple uni qu'il lui faut apprendre deux tâches très complexes pour élever ses enfants avec succès. Il lui faut d'abord connaître la psychologie de l'enfant, tout particulièrement les huit étapes psychologiques qui vont de la naissance à la fin de l'adolescence. Elle doit aussi acquérir les stratégies éducatives qui lui permettront d'apprendre à ses enfants à se comporter de façon acceptable et à les décourager d'agir autrement.

Mais quand une mère abandonne le foyer pour devenir une femme seule, non seulement certaines de ses méthodes d'organisation risquent de prendre plus d'importance, mais il lui faut aussi acquérir d'autres habitudes sociales nouvelles et complexes. Il lui faut apprendre, si elle ne le sait pas déjà, à maîtriser le temps au lieu qu'il la domine. C'est une tâche encore plus difficile pour elle, que ce soit dans son travail, dans les soins aux enfants, la direction de la maison, et tout ce qu'elle a besoin de faire. C'est pourquoi un des chapitres de ce livre s'intitule : « Vous et la gestion de votre temps. »

La femme seule depuis peu doit apprendre à maîtriser des savoir-faire sociaux complexes et décisifs. Ainsi, elle croit peut-être savoir plaire aux hommes, mais c'est une illusion la plupart du temps. Beaucoup de femmes ne savent même pas comment parler à l'homme avec lequel elles sortent. C'est pourquoi deux chapitres dans le livre sont intitulés : « Comment trouver l'homme de votre vie » et « Les hommes, les rendez-vous, la sexualité et le mariage ».

La mère seule doit aussi apprendre d'autres tâches nouvelles car elle n'a plus un mari avec qui discuter de l'éducation des enfants. Il faut savoir les diriger quand on en est entièrement responsable.

On pourrait résumer tout cela en disant qu'une mère seule doit être un jongleur extrêmement habile. Elle jongle avec son travail, ses enfants, ses amis, toutes sortes d'activités extérieures et avec sa vie privée. Comme me le faisait un jour remarquer une mère : « Dès que je sais jongler avec quatre balles, quelqu'un m'en lance une cinquième. » Ce livre abordera les différentes composantes du foyer monoparental. Et il débattra des possibilités d'améliorer votre maîtrise dans chaque domaine.

Laissez-moi vous donner mon point de vue sincère sur la vie des mères seules. Certaines femmes se sentent obligées de rester seules jusqu'à ce que leurs enfants aient grandi. D'autres déclarent solennellement qu'elles ne se remarieront jamais. Elles disent : « Mon mariage a été le plus grand traumatisme de ma vie. Me remarier, moi ? Pensez-vous que je sois folle ? »

Toute femme a sûrement le droit de penser ce qu'elle

veut d'un remariage. Je dois honnêtement expliquer ma position à cet égard : il est beaucoup plus difficile de réussir son rôle de parent dans un foyer monoparental. Je vous montrerai qu'il y a de multiples façons de rendre les choses plus aisées pour vous-mêmes et vos enfants. Je ne vous conseillerai sûrement pas de vous remarier précipitamment avec un homme qui ne vous convient pas sous le seul prétexte de reprendre une vie de famille normale. Mais pour moi, le foyer monoparental est une étape transitoire, le passage de la brisure entre l'ancienne famille qui a échoué et une nouvelle famille qui, elle, réussira. Si vous pouvez créer des liens satisfaisants avec un bon partenaire et fonder une famille pleine de chaleur et d'affection, vous et vos enfants en tirerez le plus grand profit. C'est avec cette idée que ce livre a été écrit. Si vous n'avez pas envie de vous remarier, sautez simplement les quelques chapitres qui traitent de ce sujet. Autrement, si le mariage et une nouvelle famille vous tentent, alors lisez-les avec soin.

2.

Y A-T-IL UNE VIE APRÈS LE DIVORCE ET LE VEUVAGE ?

Oui ! Plus que jamais la vie continue après un divorce ou après la perte d'un conjoint.

Cette question me fait penser au vieux fermier à qui on demandait : « Zeke, crois-tu au baptême ? » — « Croire au baptême ? Évidemment, puisque j'ai vu des gens le recevoir. »

Oui, je crois qu'une vie pleine et heureuse est possible après le divorce et le veuvage, parce que je le constate tous les jours. Et même, dans certains cas, en tant que psychologue et conseiller familial, j'ai favorisé cette réussite.

Je me rappelle une veuve de quarante-deux ans qui est venue me consulter voilà quelques années. Elle avait eu treize ans de bonheur avec son mari qui venait de mourir subitement d'une crise cardiaque. Elle était inconsolable. Nous avons passé environ sept mois à discuter de sa peine. Puis, un matin, en arrivant, elle a commencé la séance par ces mots : « Dr. Dodson, je crois que j'ai besoin d'un homme dans ma vie. » Je lui ai dit : « Il me semble que votre travail de deuil va s'achever. » Elle a acquiescé.

J'ai envisagé avec elle les diverses façons d'entrer en

contact avec des hommes seuls. Nous avons retenu la possibilité de faire passer une annonce anonyme dans un journal. Je l'ai aidée à rédiger sa première annonce : elle a reçu quatre-vingts réponses. Elle me les a apportées pour que nous puissions en discuter ensemble et choisir celles auxquelles elle répondrait. A ses sept premiers rendez-vous, elle a rencontré des hommes très gentils mais le courant n'est pas passé. C'est son huitième correspondant, professeur de philosophie, qui a fait jaillir l'étincelle. Ils ont éprouvé, dès le début, une grande attirance l'un pour l'autre, et elle a mis aussitôt toutes les autres lettres au panier. Moins d'un an après, ils se sont mariés.

Peut-on parler d'une réussite ? Sans aucun doute. Cette femme avait accompli le travail de deuil inévitable après la fin tragique de son heureux mariage. Mais cela terminé, elle a entrepris de trouver l'homme qui lui permettrait de recréer une famille pour elle et pour ses enfants, deux garçons de seize et dix-huit ans. Au début, ils ont été un peu jaloux de leur futur beau-père. Mais avec un peu d'aide psychologique, ils sont arrivés à exprimer leurs sentiments et à les surmonter. En moins de six mois, cette nouvelle famille s'est constituée en une cellule solidement unie par l'affection.

Assurément cette veuve avait connu un premier mariage heureux. Bien sûr, on ne devrait pas dire qu'un mariage était heureux lorsque le conjoint est décédé. Quand la mort interrompt un mariage malheureux, la femme peut se sentir secrètement soulagée, mais aussi se culpabiliser d'avoir de tels sentiments. Les sentiments ne sont que des sentiments. On ne peut pas maîtriser des sentiments et il serait dangereux de le faire. Par contre, nous pouvons contrôler nos actions, et si nous avions provoqué la mort de quelqu'un après l'avoir souhaitée, nous pourrions avec raison nous sentir coupables. Seuls nos actes doivent nous culpabiliser, et non les pensées et les sentiments.

Je vous livre une autre histoire tirée de mes dossiers : celle d'une femme de trente et un ans, mère d'un garçon de deux ans et d'une fille de six ans. Elle était venue me voir quelques mois après la conclusion de son divorce. Je l'ai reçue en consultation pendant à peu près un an et demi, jusqu'au moment où nous avons pensé, elle et moi, qu'elle avait terminé son travail d'adaptation psychologique. Quatre ans plus tard, j'ai reçu d'elle une longue lettre dont voici le contenu (à quelques détails près que je change pour préserver son anonymat) :

Cher Dr. Dodson,

Vous serez sans doute surpris d'avoir de mes nouvelles après toutes ces années. J'habite maintenant la Californie avec mon second mari, qui est architecte. Je voulais seulement vous dire que toutes les conclusions de nos entretiens se sont révélées parfaitement exactes. J'ai commencé par prendre une attitude plus ferme avec mes enfants. Je ne me suis plus laissé dominer par eux. Une fois par semaine, j'ai pris une baby-sitter et je leur ai dit que c'était « le jour de congé de maman ». Au début, ils n'ont pas tellement apprécié, mais ils s'y sont habitués et ma vie s'est trouvée transformée !

J'ai commencé à sortir le soir, comme je vous l'avais promis, et entre autres choses j'ai adhéré à ce club de photo dont je vous avais parlé. C'est là que j'ai rencontré Paul, l'homme merveilleux avec qui je suis mariée. Comme moi, il avait toujours voulu aller à ce cours mais n'avait pas osé le faire auparavant. Maintenant nous continuons à faire de la photo ensemble : par exemple nous photographions les enfants au cours de week-ends. Enfin c'est là que nous nous sommes rencontrés et que je me suis tout de suite sentie attirée vers lui. A la fin je me suis décidée : je l'ai invité à prendre un café un soir après le cours. C'est ainsi qu'a commencé notre belle histoire qui dure toujours après deux ans de mariage.

Juste avant de nous marier nous nous sommes installés dans la banlieue de San Francisco, parce que Paul a eu une proposition intéressante dans un cabinet ici même. Nous y habitons maintenant. Nous adorons cette région. Paul n'a jamais eu d'enfant, et c'est moi qui lui apprends à être un bon père. Je lui donne des baisers chaque fois qu'il termine un chapitre d'un de vos livres, pour appliquer votre théorie de la récompense positive ! Les gosses l'adorent et il est souvent avec eux. Voilà à peu près toutes les nouvelles qui, vous le voyez, sont bonnes. Je vous remercie infiniment pour l'aide que vous m'avez apportée quand j'en avais besoin. Pas seulement pour m'avoir indiqué comment rencontrer un type formidable comme Paul, mais aussi pour m'avoir appris à développer des aspects inconnus de ma personnalité et à mener une vie plus riche et plus pleine. Merci encore de tout mon cœur.

Viviane

Cette veuve et cette divorcée ont pu se sortir du marais du désespoir parce qu'elles ont acquis les habitudes sociales de base que tout parent seul doit posséder. Elles ont appris à exprimer leurs sentiments, positifs et négatifs, à jouer seules leur rôle de parent et à s'occuper aussi d'elles-mêmes. Elles ont appris à plaire aux hommes, à s'engager et finalement à se marier. Ces savoir-faire et ces comportements ne sont pas innés ; on ne les apprend pas non plus à l'école. Elles les ont appris « sur le tas », quand elles se sont trouvées divorcée et veuve. Et vous aussi vous pouvez les acquérir. C'est pour cela que j'ai écrit ce livre.

Pour apprendre à vous affirmer, à devenir confiante et entreprenante, la première chose à faire est de chasser un certain nombre de fables et de contes de bonnes femmes sur le divorce et le veuvage.

Quelle chose curieuse que les mythes ! Les gens y croient même sans aucune preuve scientifique. L'exemple le plus célèbre, bien sûr, a été celui du soleil tournant autour de la terre. Des millions de gens y ont cru jusqu'à ce que cette illusion soit finalement démolie par une démonstration scientifique. Mais il reste encore beaucoup de mythes et de croyances populaires auxquels les gens sont attachés, même si ce sont des erreurs. En voici quelques exemples :

Mythe n° 1 : Les foyers brisés entraînent des troubles psychologiques chez les enfants. Il n'existe aucune preuve scientifique pour appuyer cette thèse. En réalité, de nombreuses études ont montré que les foyers « normaux » produisent un plus grand pourcentage d'enfants inadaptés que les foyers brisés.

Cette expression : « foyer brisé », on la rencontre partout, et j'aurais voulu qu'elle ne soit jamais inventée. Je l'entends souvent dans des réunions avec des professeurs et des directeurs d'école lorsqu'il faut discuter d'un « cas » psychologique. S'il s'agit d'un enfant de parents divorcés, on est presque certain d'entendre quelqu'un dire, d'un ton qui suggère que le problème est résolu : « Il faut savoir que les parents sont divorcés. » Et si un peu plus tard nous abordons le cas d'un autre élève vivant dans une famille unie mais qui a de graves problèmes scolaires, je suis sérieusement tenté de dire : « Il faut savoir que les parents ne sont pas divorcés. »

On trouve aussi ce genre de remarque dans les journaux, à l'occasion de statistiques sur la baisse du niveau scolaire et les mauvais résultats aux examens, quand l'auteur de l'article met en parallèle ces données avec l'augmentation du taux de divorces. Je donnerais volontiers l'Oscar de la bêtise à ce genre de propos. Si le divorce est vraiment la cause de l'échec scolaire et du faible niveau des candidats aux examens, comment expliquer l'échec et les mauvais résultats des enfants des foyers unis ?

Mythe n° 2 : Le divorce représente un échec personnel. Au cours de mes consultations, j'ai souvent entendu des femmes divorcées me le répéter pendant des années. Elles disent en pleurant : « J'ai tout raté, c'est de ma faute. » Or bon nombre d'entre elles ont au cours de leur vie quitté un travail qui ne leur plaisait pas pour une raison ou pour une autre, et ont fait une nouvelle carrière. Aucune d'entre elles n'a le moindre sentiment d'échec à ce sujet. Alors pourquoi s'accusent-elles d'avoir tout raté parce qu'elles ont seulement quitté un partenaire qui ne leur plaisait pas pour en trouver un autre ? Parce que la société n'attribue pas de contenu moral au fait de changer de métier. Si cela se produit, elle ne nous considère pas comme des ratés ou des êtres immoraux, ce qu'elle fait si nous décidons d'interrompre une union malheureuse et d'en créer une autre.

Mythe n° 3 : Une femme divorcée est condamnée à refaire les mêmes erreurs et à épouser ensuite le même type d'homme que la première fois. Encore une fois il n'existe aucune preuve scientifique pour soutenir cette thèse, mais beaucoup de gens pensent que c'est vrai. Je l'ai entendu répéter en de nombreuses occasions. Le seul cas de ce genre que j'ai pu observer est celui de femmes divorcées d'un mari alcoolique et qui se remarient avec un autre alcoolique.

En général, rien ne prouve que vous allez inconsciemment rechercher le même type d'homme que votre ex-mari. J'ai une amie qui s'est mariée trois fois, et que cette idée d'épouser chaque fois le même type d'homme amuse beaucoup. Elle affirme que ses trois maris successifs sont aussi différents que ses trois enfants, et je peux en témoigner. De plus je suis heureux de pouvoir dire que son troisième mariage est certainement le plus réussi.

Mythe n° 4 : Si vous êtes seule à élever votre enfant, vous êtes très désavantagée par rapport à la mère d'une famille unie. Je pense que c'est absolument faux. Comme je l'ai fait remarquer, il faut, pour être un bon parent, acquérir deux techniques complexes : d'abord la psychologie de l'enfant, en particulier celle des différentes étapes qui mènent de l'enfance à l'adolescence. Ensuite les techniques qui vous permettent d'apprendre à votre enfant à avoir un comportement acceptable. Je parierais qu'il n'y a pas plus de dix pour cent des parents de foyers unis qui possèdent réellement ces techniques. Les seules notions éducatives de beaucoup de parents se limitent à crier et à frapper. C'est une grave erreur que de croire qu'on élève très bien les enfants de familles unies et que les parents seuls sont très en retard sur ce point. Perdez cette illusion ! Si vous élevez seule votre enfant en prenant le temps et la peine d'étudier les techniques d'éducation et, de plus, les savoir-faire indispensables aux parents seuls, nul doute que vous ferez en définitive un bien meilleur travail de parent que dans la plupart des familles unies.

Mythe n° 5 : Les veuves n'ont pas de vie sexuelle et sont repliées sur elles-mêmes. Cette opinion n'est généralement pas exprimée ouvertement, mais sous-entendue. Je connais des veuves qui n'ont pas de vie sexuelle (pour autant que je sache), et certaines qui ne paraissent pas tentées de garder des contacts sociaux. Mais je connais aussi des femmes — divorcées ou non — qui ont cette attitude. Alors que devons-nous en penser ? Tout bien considéré, je ne crois pas que les veuves soient en aucune façon moins sexuées ou plus « sauvages » que les autres. Et pourtant le mythe persiste. J'ai trouvé récemment un livre traitant du veuvage, dont le sous-titre était : « Pour une approche nouvelle et créatrice de la solitude. » Comment peut-on imaginer qu'il ait fallu écrire tout un livre pour dire aux veuves que la solitude est la seule chose qu'elles doivent attendre dans la vie ? Dans ce livre on peut lire aussi que le célibat se perfectionne avec le temps et que pour les gens âgés c'est un mode de vie parfaitement acceptable. Je suis résolument opposé à cette idée. Je pense que le célibat est un mode de vie très négatif, et qu'on ne rend pas service aux veuves en leur proposant de mener seules une vie tranquille, respectable et figée. Alors si vous êtes une veuve séduisante, pleine de bonne humeur et de joie de vivre, laissez-vous guider par votre heureux caractère, n'hésitez pas à aller vers les hommes, sans faire attention à ce que vous disent les gens.

Je suis sûr que, parmi mes lectrices, certaines ont souffert un jour ou l'autre de ces mythes. Rejetez-les ainsi que toutes les histoires de bonnes femmes qui pourraient retenir la femme spirituelle, aventureuse et confiante que vous êtes.

3.

COMMENT SURVIVRE DANS LA JUNGLE DU DIVORCE ?

Imaginez-vous en avion, à destination de Rio de Janeiro au Brésil. Mais en cours de route, votre avion s'écrase dans la jungle amazonienne, au Mato Grosso. Vous êtes seule survivante. L'avion est complètement détruit et tous les autres passagers ont été tués. Vous êtes en état de choc psychologique profond.

C'est la première fois de votre vie que vous vous trouvez dans un tel endroit. Vous n'y êtes absolument pas préparée. Vous n'avez aucune notion de ce qu'il faut faire pour survivre : aucun chemin dans ces fourrés épais, pas de machette pour vous en frayer un. Vous savez qu'il y a des serpents venimeux et des mygales dans la jungle et vous avez la chair de poule rien que d'y penser.

Vous ne vous êtes jamais entraînée aux méthodes de survie. Vous ne savez pas ce que vous pouvez manger sans risques, vous ignorez comment attraper des animaux, vous ne savez pas par où en sortir. Il est évident que vous n'allez pas tenir longtemps dans ce monde inconnu et hostile.

Le divorce ressemble à cette jungle terrifiante et si vous n'avez aucun entraînement pour survivre à la jungle du divorce, vous allez vous trouver dans des circonstances tout à fait semblables à celles du Mato Grosso.

Ne vous y trompez pas : le divorce est une jungle mais il y a une belle vallée de l'autre côté. L'un des buts principaux de ce livre est de vous fournir une carte fiable et un guide de survie dans cette jungle. Ce chapitre entier traite du parent qui a divorcé ou qui est en train de le faire.

Le divorce est sûrement un des chocs émotionnels les plus forts de votre existence, mais en même temps il vous offre une chance, celle de rencontrer un bonheur nouveau. Nous éclaircirons ces deux points dans ce livre.

Le foyer monoparental se crée le jour où l'un des deux conjoints annonce à l'autre qu'il veut divorcer.

Auparavant, en cas de désaccord, deux possibilités peuvent se présenter : ou les deux parents finissent par accepter de divorcer ou ils s'unissent, aussi malheureux qu'ils soient, pour essayer de résoudre leurs difficultés et rétablir leur couple sur des bases solides, avec l'aide d'un spécialiste.

Je recommanderai sans aucun doute la seconde solution à tous les couples mais très peu s'offrent cette possibilité. Même s'ils doivent emprunter de l'argent pour s'offrir cette aide, c'est pourtant de loin la meilleure solution.

Consultez un psychologue professionnel ; il n'y aura pas de perdant. Si cela aide le couple à régler les conflits qui perturbent leur relation, et leur redonne la joie, c'est certainement une victoire. Mais si le mari et la femme comprennent grâce à cette aide qu'ils sont incapables de redonner bonheur et efficacité à leur relation, cette expérience ne sera tout de même pas inutile. Au lieu de vivre le divorce comme une bataille féroce et sanglante, ils seront peut-être plus aptes à éliminer leur colère et à s'occuper ensemble de leurs enfants. Ils finiront peut-être par divorcer mais ne divorceront jamais de leurs enfants.

Quant aux causes du divorce, il est vain d'essayer d'en parler. Pour mille divorces, il y a mille raisons et circonstances différentes. Certains mariages échouent apparemment à cause de problèmes sexuels. Pour d'autres, l'entente sexuelle est excellente sans que cela empêche le divorce. Pour certains la mésentente va couver pendant des années jusqu'à ce que l'un des partenaires demande finalement la séparation. Quelques-uns se font le coup de la colère. Pour certains c'est la présence d'un « autre » qui la provoque. Mais ce n'est parfois même pas le cas. Ce que je veux dire c'est que tant de facteurs personnels peuvent se combiner pour mener à la rupture qu'il est inutile d'essayer d'en trouver les « causes ». D'autant plus que le plus souvent les causes réelles sont enfouies dans l'inconscient du mari et de la femme et que seule une psychothérapie peut les aider à les en extirper.

Revenons donc au moment où l'un des membres du couple évoque devant l'autre la possibilité de divorcer. Supposons que c'est la femme qui en parle à son mari. Il est probable qu'elle n'a pas consulté d'avocat avant d'aborder ce sujet. Pendant mes vingt années de pratique, je n'ai jamais rencontré un patient qui ait commencé par consulter un avocat. A mon avis, c'est une erreur.

Pourquoi un mari ou une femme devraient-ils consulter un avocat dès que possible s'ils ont renoncé à voir un psychologue ? Pour trouver où ils se situent par rapport à la loi. Il y a beaucoup de problèmes juridiques dans le divorce que les gens ignorent complètement et ils ne devraient pas se lancer dans cette jungle sans l'avis d'un avocat.

Nous arrivons à une question épineuse : Comment trouver un bon avocat ?

Mon point de vue personnel, qui n'est fondé sur aucune connaissance scientifique, est que vingt-cinq pour cent seulement des avocats sont intelligents, compétents et honnêtes.

L'ancien président de la Cour suprême Warren Burger est allé dans le même sens en affirmant que cinquante pour cent des avocats sont incompétents. Pour moi, ces chiffres sont en dessous de la réalité.

Comment donc allez-vous trouver un bon avocat ?

Regardons d'abord comment les gens procèdent. C'est un ami, un médecin, un dentiste ou quelque autre membre d'une profession libérale qui le leur recommande. Ils le gardent s'il s'avère valable, ou bien, quand ils se rendent compte qu'il est inefficace, ils en changent. Mais à ce moment-là, le mal est généralement déjà fait.

Je vous conseille donc de vous faire recommander trois avocats différents et de vous ménager une entrevue avec chacun d'entre eux pour évaluer leurs capacités. Naturellement, ne leur parlez pas des autres et ne leur dites pas que c'est *vous* qui les jugez. Demandez-leur de vous dire en une heure ce qu'ils considèrent comme important de savoir et de faire pour un divorce. Je pense que vous sentirez instinctivement lequel vous souhaitez retenir. Bien sûr vous paierez à chacun ses honoraires pour cette consultation d'une heure.

Le choix d'un avocat est certainement un des éléments les plus importants de la procédure de divorce. Et je vais vous donner un autre exemple pour vous montrer pourquoi ce choix est si décisif. Là où je réside, il existe une procédure de divorce par consentement mutuel, ce qui veut dire que le tribunal n'essaie pas de juger qui « a tort ». Il est simplement censé diviser les biens par moitié. Depuis que cette loi existe, je n'ai pas encore entendu parler d'un divorce où les biens ont été vraiment divisés par moitié. J'ai remarqué que le conjoint qui s'est assuré l'aide du meilleur avocat avait la plus grande partie de la communauté. Est-il nécessaire d'en dire davantage ?

Non seulement votre avocat devrait être intelligent, compétent et honnête, mais il ou elle devrait pouvoir négocier avec l'autre partie chaque fois que c'est possible plutôt que d'en référer devant le tribunal. La raison en est simple. Comme me l'a expliqué un de mes amis avocat : « Si je négocie l'accord de divorce (ou n'importe quel autre accord dans ce domaine) en dehors du tribunal, on peut ne pas être d'accord sur tout ce qui a été décidé mais au moins sait-on exactement à l'avance quelles sont les intentions des deux parties. Mais s'il revient à un juge d'en décider, qui sait ce qu'on obtiendra ? » Qui sait ce qui se passe dans la tête d'un juge ? Vous en resteriez bouche bée si vous pouviez entendre les commentaires et décisions de certains d'entre eux.

Ainsi, un de mes patients m'a rapporté cette histoire incroyable. Lui et son ex-femme s'étaient mis d'accord sur une certaine organisation des visites de leurs deux enfants, âgés de six et dix ans. Le père devait les prendre tous les mardis pour les emmener dîner, les vendredis pour aller au cinéma et un week-end sur deux. Par la suite le climat se détériora et la mère lui intenta un procès pour limiter le droit de visite. C'était un bon père, plein d'affection, il n'était pas alcoolique et n'avait pas de problèmes affectifs qui puissent justifier une réduction de ce droit.

Le juge arbitrairement décida de supprimer ses visites du mardi et du vendredi. Son avocat intercéda et demanda au juge d'entendre les arguments du père. Celui-ci expliqua l'importance de ces visites pour maintenir une bonne relation entre lui et ses fils, ce à quoi le juge répondit : « Mardi et vendredi, c'est trop. Je vous donne à choisir un des deux jours. » Le père choisit le vendredi, mais il me dit qu'il pouvait à peine croire ce qu'il avait entendu. Comment deux soirs par semaine pouvaient-ils être trop ? Trop pour quoi ? Comment deux soirs par semaine (dont un pour un dîner) pouvaient-ils nuire aux enfants ? Où le juge avait-il pris des idées aussi étranges ?

Voici un autre exemple. Je témoignais comme expert dans ce procès. La mère soupçonnait le père de la discréditer auprès de ses enfants, âgés de huit et dix ans, pendant son droit de visite, un week-end sur deux. Elle me demanda de procéder à une évaluation psychologique complète et à un examen clinique des enfants. Je passai cinq heures avec chacun d'eux. Les résultats furent évidents : le père, *systématiquement,* montait les enfants contre leur mère. Celle-ci souhaitait que le tribunal ou lui ordonne de cesser d'agir ainsi, ou supprime le droit de visite ou tout au moins le réduise.

Au tribunal, le juge demanda au père et à son avocat ainsi qu'à la mère et à son avocat de venir à la barre. Il demanda aux deux avocats s'ils avaient de nouveaux éléments depuis la dernière confrontation. L'avocat du père répondit que non.

« Si, Votre Honneur, répondit l'avocat de la mère.

Nous avons un rapport établi par un psychologue pour enfants, qui repose sur cinq heures de tests et d'entretiens avec chacun des enfants. Le rapport apporte la preuve que le père systématiquement et volontairement dresse les enfants contre leur mère. »

« Est-ce tout ? » demanda le juge.

« Oui, Votre Honneur. »

« Vous ne devriez pas faire perdre de temps au tribunal avec quelque chose d'aussi insignifiant. L'affaire est rejetée. »

Peut-on imaginer pareille décision ? Un enfant de dix ans aurait plus de bon sens que ce juge. On pourrait donner des centaines d'exemples semblables. Vous voyez donc pourquoi, dans la pratique, je crois qu'il vaut mieux négocier avec la partie adverse que de confier la question à un juge.

Négocier vous permettra aussi d'économiser beaucoup d'argent en procédure ; particulièrement lorsqu'il y a contestation, cela peut être interminable et très onéreux. Et au moins certains de ces frais se feront aux dépens de vos biens communs.

Rappelez-vous que tout ce que votre conjoint et vous-même pouvez régler entre vous vous fait non seulement économiser de l'argent mais vous permet aussi d'obtenir un meilleur résultat. Vous pouvez bien sûr avoir l'un pour l'autre des sentiments d'hostilité tels que vous ne pouvez arriver à un accord. Dans ce cas, les avocats seront là pour vous aider.

Demandez à votre avocat de vous remettre une facture mensuelle avec le détail de ce qu'il a fait pour vous et du temps qu'il y a passé. Sinon je peux vous assurer que vous resterez abasourdie devant la note finale (avec seulement le montant des honoraires et sans aucune mention détaillée de ce qu'il a fait et du temps qu'il a passé.)

Tôt ou tard, vous et votre conjoint devrez partager tous vos biens en deux. Cela peut être si compliqué que vous risquez d'avoir besoin d'un avocat ou d'un comptable. Mais c'est entre vous deux que vous devriez pouvoir procéder au partage des livres, des disques, des outils, du mobilier, des œuvres d'art ou des voitures.

ATTENTION ! Quand vous aurez fait ce partage, chacun d'entre vous devra emporter sa part à son domicile personnel. Ne laissez pas l'ensemble des biens communs chez l'un des deux. De façon générale, votre conjoint est honnête, généreux, et ne fait pas d'histoires. Mais pendant le divorce, il peut se métamorphoser en cobra. Voici deux exemples, parmi beaucoup d'autres, que je peux vous citer.

Pendant la procédure de son divorce, mon dentiste passait ses vacances à l'étranger. Il reçut un coup de fil d'un ami qui l'informa que sa femme avait mis en vente tous les meubles de la maison. Il lui téléphona : « Moi, vendre les meubles ? Ne sois pas stupide. Je ne ferais jamais cela. Je me débarrasse seulement de quelques vieilleries. Tu peux me faire confiance. »

Quand il revint chez lui, il trouva la maison complètement vide ! Elle avait tout vendu aux enchères et était partie pour une autre ville.

Autre exemple. Un couple en instance de divorce vendant sa maison avec cent cinquante-deux objets d'art à se partager : peintures, mobilier, sculptures. Le mari dit qu'il avait beaucoup de place pour les entreposer dans son appartement et la femme le laissa emporter temporairement les œuvres d'art. Une clause du divorce stipulait qu'ils n'évalueraient rien mais choisiraient à tour de rôle les objets qu'ils souhaitaient garder. Cela parut équitable à la femme jusqu'au soir où le couple et leurs avocats se retrouvèrent chez le mari pour procéder effectivement au partage. Le mari (le cobra) annonça à sa femme que cent vingt-quatre œuvres d'art avaient mystérieusement disparu ! Elle était furieuse mais son avocat lui dit qu'elle ne pouvait rien y faire. Si elle essayait d'agir, cela lui coûterait plus cher en honoraires que la valeur intrinsèque des objets en question. Elle rongea son frein et partagea les vingt-huit objets restants.

Rappelez-vous que le détenteur des biens a nécessairement la loi pour lui. N'abandonnez aucun bien à votre conjoint avant que le juge ne le lui ait accordé.

La plupart des gens ne s'attendent absolument pas à ce qu'ils vont trouver au tribunal lors d'un divorce. Quand vous y serez, vous entendrez sans doute beaucoup de mensonges. Un juge, une fois, convoqua deux avocats dans son bureau pour discuter d'un point important. Après un bref échange, il leur dit : « Eh bien ! messieurs, retournons au tribunal, voulez-vous, écouter d'autres mensonges. » Que cela ne vous pousse pas à vous laisser aller à mentir vous-même. Attachez-vous à la vérité. Cela vaudra beaucoup mieux pour vous à la longue. Mais ne considérez pas que le tribunal est ancré dans la réalité. Pensez-y au contraire comme un endroit où l'on nie l'évidence et où vous entendrez les avocats, les juges et les conjoints faire des déclarations étranges et surprenantes.

Je ne vous convaincrai jamais assez du rôle que joueront les décisions du juge sur le reste de votre vie avec vos enfants. Une fois qu'il aura partagé vos biens, arrêté le droit de garde, les heures de visite, l'aide financière et la pension alimentaire, ces décisions seront aussi immuables que si elles étaient gravées dans la pierre.

Il faut donc faire tout votre possible pour vous assurer que ses décisions sont celles que vous souhaitez. Au cours des années, vous aurez beaucoup de difficultés à les faire modifier.

Rappelez-vous ceci : un juge n'a pas de comptes à rendre sur ses décisions. On ne peut lui faire de procès.

Votre avocat vous dira : « Ne vous inquiétez pas, nous allons faire appel. » Ce que vous ignorez, c'est que la seule certitude que vous ayez, c'est que la procédure d'appel vous coûtera bien davantage en honoraires d'avocat. Il faut que vous sachiez que un pour cent seulement des appels en divorce est couronné de succès.

Maintenant que je vous ai informé sur la façon de survivre dans la jungle du divorce, je veux traiter d'un sujet très important : comment annoncer la nouvelle aux enfants. Ce chapitre qui suit s'adresse aussi bien à celui qui divorce qu'au parent qui doit annoncer la mort de son conjoint.

4.

COMMENT LE DIRE À VOS ENFANTS

Annoncer à vos enfants un divorce ou la mort d'un des parents est une tâche très difficile. Vos enfants seront peut-être aussi inquiets de votre état affectif que de la nouvelle que vous leur apportez. Car ils vous aiment et se sentent très concernés par votre peine. Ils ne vous ont probablement jamais vue aussi peu capable de dominer vos sentiments et cela risque de les alarmer. Vous devez faire tout ce qui est en votre pouvoir pour les consoler et les rassurer, et leur dire que votre vie et la leur continueront dans la stabilité et l'amour.

L'annonce du divorce

Le divorce et la mort sont si différents qu'il nous faut en traiter séparément. Voyons d'abord comment annoncer à vos enfants une séparation ou un divorce.

Peu importe que l'atmosphère à la maison ait été tendue avant le divorce, les enfants seront bouleversés et malheureux du départ d'un de leurs parents. S'il a été brutal, ils ressentiront peut-être du soulagement mêlé à d'autres sentiments. Pour les enfants, la perte d'un des parents est une période d'amertume et de tristesse, même s'ils réussissent à cacher leurs sentiments. Rappelez-vous qu'ils seront beaucoup plus contrariés si vous leur cachez une partie de la vérité, ou si vous leur présentez la situation sans tenir compte de leurs réactions.

Je pense qu'il est préférable que les parents annoncent ensemble la séparation à venir. Même si c'est une nouvelle désagréable, au moins les enfants sentiront-ils que leurs parents sont unis pour l'annoncer.

Si l'un d'entre eux trouve une excuse pour ne pas avoir à leur en parler, le conjoint n'aura d'autre alternative que de leur en parler seul. Si vous êtes celle à qui revient cette tâche, dites simplement : « Votre père était trop bouleversé pour vous parler, c'est pour cela que je vous l'annonce toute seule. » Vous décrivez probablement la situation de façon véridique, même si vous n'en avez pas vraiment l'impression à ce moment-là.

Pour parler aux enfants vous devez modifier légèrement la formule utilisée dans les tribunaux : « Jurez-vous de dire la vérité, toute la vérité et rien que la vérité ? » Je vous conseille de dire la vérité et rien que la vérité, mais il n'est pas nécessaire de dire toute la vérité. Par exemple de dévoiler les détails intimes de votre vie sexuelle, ou de raconter des faits de nature personnelle impliquant un voisin que les enfants connaissent bien.

Je conseille toujours aux parents de ne jamais mentir à leurs enfants en quoi que ce soit, que la famille soit entière ou monoparentale. Si l'enfant pose des questions auxquelles la mère refuse de répondre, elle devrait simplement dire qu'il s'agit d'une question personnelle et confidentielle et qu'elle ne souhaite pas en parler.

Dans un divorce, vous serez tentée de masquer la vérité sur bien des points. Tôt ou tard, il arrivera un moment où vous ne saurez pas quoi dire, dans ce cas-là, dites la vérité — ou tout au moins ce que vous pouvez en dévoiler. C'est elle qui vous aidera le mieux à maîtriser les situations difficiles avec vos enfants. S'ils vous surprennent à mentir, vous aurez perdu toute crédibilité auprès d'eux. Et c'est une perte terrible.

Devez-vous parler de la séparation à tous vos enfants réunis ou devez-vous les diviser selon leur âge ? La réponse est claire et définitive : dites-leur à eux tous réunis ! Si vous les séparez selon leur âge, sous prétexte que leur niveau de compréhension est différent, ceux qui recevront l'information en dernier seront très soupçonneux et penseront qu'on a dit certaines choses derrière leur dos. Bien sûr, les plus jeunes, ceux de deux ou trois ans comprendront seulement ce qui est dit à un niveau très élémentaire, et certaines choses leur échapperont.

Si vous parlez à tous vos enfants réunis, les frères et sœurs pourront s'aider mutuellement sur le plan affectif. Voici ce qu'une femme raconte du divorce de ses parents :

« Papa était parti et maman était toute bouleversée — beaucoup trop pour pouvoir vraiment s'occuper de nous. J'avais seulement cinq ans — sans mon frère de huit ans j'aurais été perdue. J'imagine qu'il a joué le rôle du père, à certains égards. Et malgré mon jeune âge, j'ai en quelque sorte pris soin de lui — à écouter ses problèmes, à le réconforter. Je me rappelle qu'il me racontait même des histoires pour m'endormir. » (Judith Wallenstein et Joan Kelly, *Surviving the Break Up,* N.Y., Basic Books, 1980.)

Quand un des parents quitte le foyer, combien de

temps à l'avance faut-il prévenir les enfants ? Certains attendent la dernière minute, au moment où le père fait ses bagages ou s'apprête à franchir la porte pour se précipiter dans son nouvel appartement. Les parents se justifient mutuellement en disant que plus la séparation suivra rapidement l'annonce, moins ce sera pénible. Naturellement, c'est une erreur. Les parents cherchent surtout à se protéger eux-mêmes.

Les enfants ont besoin de temps pour réfléchir et accepter un message aussi difficile. L'idéal serait qu'il y ait deux ou trois semaines avant la séparation. Cela parce qu'ils seront en contact avec leurs parents réunis pendant plusieurs semaines encore après l'annonce de cette nouvelle éprouvante.

Les parents doivent s'assurer qu'ils ont pris une décision définitive avant d'en parler aux enfants. Rien n'est plus démoralisant pour eux que d'essayer de s'adapter à des parents qui leur font subir cette douche écossaise : « Nous divorçons. » — « Non, nous ne divorçons plus. » — « Finalement, si, nous divorçons. »

Je voudrais apporter maintenant des précisions sur ce que j'ai dit précédemment à propos de la sincérité. Dans certaines situations, il est tout à fait normal que celui qui demande le divorce ne veuille révéler sa responsabilité. Il craint de se voir donner le mauvais rôle si les enfants connaissent la vérité ; mais cela ne marchera pas. Ils découvriront très vite qui a souhaité et qui n'a pas souhaité le divorce. Mieux vaut leur dire la vérité, même si temporairement le responsable aura une étiquette négative. Seule la vérité garantira la crédibilité des parents.

Il est aussi très important que l'autre parent évite de jouer le rôle du martyr ou de l'innocent. Ce sont des rôles qui peuvent être tentants, mais chacun tend à se donner le bon rôle et le mauvais à l'autre, ce qui est absolument néfaste pour l'équilibre affectif des enfants.

J'ai déjà dit que les parents n'ont pas à donner de détails intimes. Mais certains faits essentiels d'un divorce doivent finalement être présentés. Si le père a une liaison et que celle-ci soit la cause principale du divorce, vous ne pouvez la passer sous silence. Les enfants le découvriront vite, aux nuances de votre attitude et à celle de votre mari. Il vaut mieux leur dire : « Quand nous nous sommes mariés, papa et moi nous nous aimions. Maintenant, il n'est plus amoureux de moi. Il aime une autre femme et nous avons décidé de ne plus vivre ensemble. » Il se peut que vous souhaitiez transmettre cette nouvelle vous-même pour leur annoncer d'abord que papa n'aime plus maman. Puis, en en reparlant plus tard, quand les enfants vous poseront sans doute des questions, vous pourrez leur dire qu'il aime quelqu'un d'autre. Mieux vaut expliquer vous-même la situation plutôt que de les laisser l'apprendre par des tiers ou le deviner à votre façon d'agir. Il leur semblera que leurs parents leur taisent certaines informations décisives. La vérité peut leur faire du mal, mais ce sera beaucoup moins dur pour eux que de croire que vous les avez trompés. Et si les enfants comprennent que quelque chose ne va pas, mais qu'ils ignorent pourquoi parce que personne ne leur en a parlé, cela les bouleverse encore plus.

Il n'y a en fait pas de problème qui ne puisse pas être présenté aux enfants de façon compréhensible, sans pour autant couvrir de boue votre conjoint. Vous pouvez dire par exemple : « Voilà des années que votre père a des problèmes avec l'alcoolisme. Il a fait beaucoup d'efforts pour essayer de se maîtriser mais il n'en a pas été capable. Je ne peux plus être heureuse en vivant avec lui, c'est pour cela que je demande le divorce. »

Même les situations les plus difficiles peuvent être présentées avec franchise et sans prendre parti, tout en évaluant ce qu'il faut dire et à quel moment. Les très jeunes enfants ne comprendront pas certaines choses et il serait ridicule de leur imposer des informations qu'ils ne demandent pas et qui risquent de les perturber ou de les effrayer.

Rappelez-vous que l'annonce que vous faites aux enfants n'est pas une pièce en un acte jouée en tout et pour tout une seule fois au moment où vous en parlez « officiellement ». Comme je vous l'ai déjà dit, il leur faudra du temps pour accepter une nouvelle aussi bouleversante. Le dire aux enfants correspond en fait à un processus qui va s'étendre sur une certaine période. Ne vous impatientez pas devant leurs questions répétitives. Si l'enfant repose toujours la même question c'est parce qu'il est en train d'assimiler et d'accepter progressivement l'idée de la séparation. En fait vous ne pouvez être que gagnant si vous acceptez de leur répéter plusieurs fois les mêmes choses. Par exemple, que ce n'est pas de leur faute si vous divorcez ; que ce sont entièrement les parents qui sont responsables. Il ne suffit pas de le dire une seule fois, car les enfants ont tendance à croire qu'ils sont fautifs. Ce qui ne signifie pas que vous deviez aller à l'opposé et le leur répéter deux fois par jour. Mais le leur dire une seule fois n'est pas suffisant.

Il est important de répéter à votre enfant, particulièrement s'il est jeune, qu'il ou elle continuera à avoir le nécessaire : à manger, une maison, de quoi s'habiller, malgré le divorce. Cela peut vous paraître évident, mais cela ne l'est pas nécessairement pour lui. Une grande partie de la pensée enfantine ressortit à ce qu'on appelle la « pensée magique ». Et puisque son père a disparu quelque part, un enfant risque de penser que la nourriture, la maison, les vêtements peuvent aussi disparaître par magie.

Il peut arriver à un jeune enfant de croire que son père a disparu dans le ciel. C'est pour cela qu'il est important que le celui-ci emmène les enfants voir où il habite (ou bien où il va habiter s'il n'a pas encore déménagé) dès que possible. Cela leur permet de le situer, car ils ne peuvent pas comprendre mentalement des abstractions telles que : « Votre père vit dans un appartement tout à côté. »

Il faut non seulement leur parler de la séparation à venir et du divorce mais leur donner aussi la possibilité de poser des questions et de manifester leurs sentiments. S'il vous plaît, ne les empêchez surtout pas d'exprimer leurs émotions en leur disant par exemple que les grands garçons et les grandes filles ne pleurent pas. Encouragez-les à pleurer s'ils en ont envie.

Il y a une question que les enfants risquent de poser : « Est-ce que papa reviendra un jour à la maison ? » Votre réponse dépend bien sûr de la situation. Mais il est probable que vous êtes maintenant quasiment certaine de devoir élever seule vos enfants. Expliquez-leur doucement mais clairement que vous et papa ne vivrez plus jamais ensemble.

Certains d'entre vous penseront que les enfants risquent d'être perturbés par cette recherche de la vérité et ce besoin de mettre à jour les données brutes du divorce. Ils le seront sans doute. Mais beaucoup moins que si on les trompe ou si on leur laisse de faux espoirs. Et bien moins que si par la suite un des parents fait du chantage avec des informations déplaisantes. Si par exemple les enfants savent déjà que leur père aime une autre femme, aucun des parents ne pourra faire chanter l'autre en menaçant de tout leur dire. Quand les enfants sont déjà informés, cela peut désamorcer le sujet si la mère choisit de dire du mal du père.

En cas de divorce, une des pires choses que vous puissiez faire à vos enfants (en dehors des brutalités) est de dire du mal de l'autre. Les enfants vous aiment l'un et l'autre. Ils ont besoin de continuer ainsi. Et cela leur sera très difficile dans ce cas. Je sais quelle tentation cela peut être dans certaines situations, mais s'il vous plaît contrôlez-vous ! Imaginez qu'à chaque fois que vous dites des paroles méchantes ou moqueuses sur votre conjoint, c'est comme si vous donniez une gifle à votre enfant. C'est exactement ce que vous faites au plan affectif. Si vous êtes tentée de dire quelque méchanceté, rappelez-vous que c'est comme une gifle. Cette idée pourra vous aider à tenir votre langue.

Quand vous répondez aux questions des enfants sur leur père, pensez que dire « Je ne sais pas » est une réponse parfaitement acceptable. Par exemple, voilà plusieurs mois que papa a abandonné la famille et n'a donné aucun signe de vie. Il travaille toujours au même endroit mais ne répond pas au téléphone. Votre enfant vous demande : « Pourquoi papa est parti ? »

« Je ne sais pas. »

« Où est-ce qu'il est allé ? »

« Je ne sais pas. »

« Pourquoi est-ce que papa ne vient plus me voir ? »

« J'imagine que papa n'est pas très content de lui et il ne peut pas t'aimer juste en ce moment. C'est très dommage, car tu es une petite fille adorable. » (Faites-lui un câlin.)

Parler aux enfants comme nous l'avons dit est toujours très important. Cela donne le ton pour les années de séparation et de divorce. Ne le sous-estimez pas.

C'est un processus ininterrompu dans le temps. Les enfants vous poseront peut-être des questions longtemps après que le divorce aura été prononcé.

Comment annoncer la mort d'un des parents

La façon dont vous annoncerez la mort de votre conjoint à vos enfants dépendra de la cause de ce décès : la mort était-elle attendue à la fin d'une longue maladie ou a-t-elle été subite, à la suite d'un accident ou d'une maladie foudroyante ?

Notre société occulte la réalité de la mort de nombreuses façons. Ainsi, nous disons à nos enfants que le vétérinaire va faire dormir leur vieux chien qu'ils adorent. Les tabous que nous avons pour affronter et parler des réalités sexuelles ne sont rien par rapport aux tabous à propos de la mort.

Vous devez avoir le courage de rompre avec ces tabous culturels et vous devez leur en parler ouvertement.

D'abord, n'essayez pas de rester impassible lorsque vous leur en parlerez. Si vous pleurez, c'est très bien. Vos larmes les bouleverseront mais ils affronteront votre émotion plus facilement qu'un récit des faits dépourvu de sentiment et de peine.

Si le père des enfants est dans la phase terminale de sa maladie mais peut vivre encore pendant plusieurs mois ou davantage, il vaut mieux ne pas en parler très longtemps avant aux enfants, surtout aux plus jeunes. Si la maladie commence à l'empêcher de vivre normalement, dites-leur : « Papa est très malade, il a beaucoup de médicaments à prendre. » Attendez un mois ou deux avant la date présumée de sa fin pour leur dire que leur père est mourant. Cependant, les enfants sont très conscients de ce qui se produit, et s'ils demandent plus tôt si leur père va mourir, répondez-leur que oui. Plus les enfants seront grands, plus ils souhaiteront sans doute comprendre ce qui se passe et savoir la vérité.

Je veux aussi vous rappeler que certains hôpitaux et d'autres organisations offrent des services qui proposent de l'aide aux familles dont un membre est en phase terminale. Dans ce cas, les membres de la famille attendent la mort de l'être cher dans la sincérité, en partageant à la fois la tristesse et l'amour très particulier à une telle période. Alors, ces dernières heures qui restent à passer ensemble peuvent avoir une signification très profonde pour la famille.

Si la mort d'un des parents est soudaine et inattendue, après une crise cardiaque par exemple, il vous faudra avertir les enfants immédiatement. Annoncez-le-leur quand ils sont tous réunis, si possible. Et, une fois encore, n'hésitez pas à exprimer librement vos sentiments et à encourager les enfants à s'exprimer aussi. Laissez-les vous poser des questions et répondez-leur.

Une fois que les enfants ont appris la mort de leur père, la période du travail de deuil peut commencer. Cela vous aidera à leur expliquer ce que cela représente et comment cela fonctionne. Dites-leur que pendant que dure ce travail de deuil, ils penseront à leur père et qu'ils seront tristes et malheureux qu'il les ait quittés. Mais qu'ils finiront par penser à lui sans tristesse quand ce travail sera terminé. Ils aimeront toujours leur père, et garderont beaucoup de souvenirs mais ils seront prêts à reprendre une vie quotidienne normale.

Pendant cette période, aidez-les en utilisant la méthode du feed-back.

Sharon : « Maman, j'ai beaucoup de peine. »

Maman : « Papa est mort et tu es très malheureuse. »

Ils peuvent ainsi exprimer leurs sentiments tout en se sentant aimés et soutenus par vous. Finalement, vous terminerez tous ce travail de deuil et vous pourrez apporter plus d'énergie pour entamer une nouvelle vie.

Une des choses les plus importantes que vous puissiez faire est de faire partager à vos enfants la douleur de la famille. A moins qu'ils ne soient trop petits pour comprendre, emmenez-les à la cérémonie funèbre. Que ce soit à l'église, à la synagogue ou au cimetière. Partagez avec eux votre sentiment d'abandon et de solitude pour leur permettre d'exprimer plus facilement leur peine. Ne les submergez pas de votre propre douleur, ouvrez-leur seulement la voie. Mais au contraire, si un enfant intériorise ses sentiments, respectez son désir. Peut-être les exprimera-t-il plus tard.

5.

LE CHOC DE LA SÉPARATION

Ma fille Robin, âgée de seize ans, a passé six semaines à Trieste, en Italie, dans le cadre d'un échange avec son école. Elle a vécu dans une famille dont la fille avait approximativement le même âge. Elle parlait autant anglais que ma fille parlait italien. Et les parents ne parlaient anglais ni l'un ni l'autre.

Robin a passé un mois très difficile. Elle se sentait complètement dépaysée. Quand la famille allait quelque part, à la plage par exemple, Robin se sentait tout à fait coupée des autres à cause de la barrière de la langue. Elle faisait l'expérience de ce que les anthropologues appellent « le choc des cultures », c'est-à-dire se trouvait projetée brutalement dans une culture qui n'était pas la sienne. C'est ce que vous éprouverez le premier jour où vous serez séparée de votre mari : vous subirez le choc de la séparation.

Ce choc affecte aussi bien la femme divorcée que la veuve, bien que cette dernière en souffre généralement beaucoup plus. Dans ce chapitre, je traiterai parfois du problème du divorce et de la mort séparément, mais l'essentiel s'applique aux deux situations.

Le choc de la séparation commence au moment où

vous prenez conscience de ne plus appartenir au groupe social des familles unies. Vous avez rejoint le sous-groupe des foyers monoparentaux. Mais vous n'y appartenez pas encore. A ce moment-là, vous avez l'impression de n'appartenir à rien. Si votre mari est mort, vous vous sentirez complètement seule au monde, à l'exception de vos enfants.

Les vieux amis sont souvent de peu de secours pour une femme seule depuis peu. Vous vous apercevrez que la plupart de vos amies mariées ne souhaitent plus guère vous voir. Elles ont des doutes, craignent que la femme seule et « disponible » que vous êtes devenue soit une menace pour leur propre couple. Vous découvrirez que leurs craintes sont parfois justifiées, car certains maris vous feront effectivement des avances. Même si c'est rassurant pour vous en tant que femme, c'est tout de même une expérience désagréable et pénible. Les femmes mariées auront particulièrement tendance à éviter une femme seule depuis peu, surtout si elles ont des problèmes dans leur couple.

Le résultat de tout cela est que vous vous sentez seule dans un monde hostile. Vous voilà tout à coup séparée de tout un tas de choses qui étaient votre support affectif. Si vous êtes divorcée, le choc de la séparation peut même vous faire regretter votre ex-mari. Oui, il vous a laissée ; oui, il vous insultait ; il vous a peut-être frappée. Mais au moins, même avec tous ses défauts, il était là, il faisait partie de votre vie. C'est absurde de penser cela ? Vous pouvez vous retrouver à avoir des pensées aussi stupides au moment où tout votre système culturel est déséquilibré.

Soyons positifs : que faire pour réussir à maîtriser le choc de la séparation ?

Votre première préoccupation doit être votre relation

avec vous-même. Vous venez de traverser un cyclone. Et cela vous semble impossible de vous relever toute seule pour continuer de vous occuper de vos enfants comme avant.

Comme je vous l'ai déjà dit, si vous voulez être une bonne mère, vous devez d'abord apprendre à être un bon parent pour vous-même. Il vous faut vous préoccuper de vos propres blessures psychologiques et retrouver votre équilibre mental et physique.

Intéressez-vous d'abord à votre chagrin. Pour une divorcée, cela veut dire que vous vous permettrez de ressentir de la douleur pour ce que vous avez perdu. Même si vous êtes heureuse d'être libérée d'un mariage impossible, le divorce représente la fin des rêves et des espoirs que vous aviez formés en vous mariant, et l'échec de tous les efforts que vous aviez pu faire dans la vie conjugale. Il vous faut donc accepter vos rancœurs et votre peine. N'essayez pas de vous les dissimuler; cela ne ferait que retarder votre guérison. Inutile de vous appesantir sur ces sentiments de tristesse, mais pleurez sans retenue. Criez votre colère dans un endroit retiré (pas devant les enfants), dépensez votre énergie en activités physiques positives, faites du jogging, du jardinage ou de la natation. Si vous canalisez ainsi votre colère, vous en tirerez un bienfait physique et affectif.

Si vos sentiments vous semblent trop forts pour être maîtrisés, cherchez l'aide d'un psychologue. Certes, le divorce est traumatisant, mais il ne doit pas vous anéantir. C'est à vous de réagir.

Le travail de deuil de la veuve est beaucoup plus intense. Et il est absolument nécessaire de le faire rapidement. Il vous faudra donc ressentir pleinement votre douleur puis la chasser de votre système. Si vous niez ces sentiments, vous repousserez d'autant votre guérison. En 1937, un incendie éclata dans la boîte de nuit de Coconut Grove à Boston et six cents personnes périrent brûlées. Une étude des amis et parents proches qui leur survécurent a montré que ceux qui n'avaient pu accepter d'aller chercher les vêtements ou les affaires personnelles de ceux qu'ils aimaient avaient eu du mal à se remettre de leur peine. Ceux qui l'avaient fait avaient pleuré de toutes leurs larmes, avaient terminé plus tôt leur travail de deuil et avaient pu commencer une nouvelle vie.

Ne refoulez donc pas vos sentiments. Ne refusez pas la vue des vêtements de votre mari, ne cherchez pas à éviter de penser à lui et à parler de lui, même si vous versez des larmes. Jésus a dit : « Heureux ceux qui sont en deuil, car ils seront consolés. » Mais il faut que vous soyez vraiment en deuil, si vous voulez trouver ce réconfort.

En plus de ce travail de deuil, que vous soyez veuve ou divorcée, vous devrez immédiatment vous trouver un groupe de soutien affectif. J'entends par là un groupe de huit ou dix mères seules qui peuvent se rencontrer régulièrement (une fois par semaine ou une semaine sur deux). Il ne faut pas que le groupe ait un chef, pas de participants de l'extérieur — cela doit seulement vous donner à toutes la possibilité de parler de vos difficultés de mères seules dans une atmosphère de soutien mutuel. Vous pouvez, si vous le souhaitez, choisir des sujets pour chaque réunion, mais ne vous croyez pas obligées de vous tenir strictement à ce programme. Observez seulement deux règles : personne ne doit interrompre celle qui parle ni la critiquer.

Vous pouvez organiser un tel groupe de manières différentes. Vous pouvez créer un sous-groupe dans une Association de parents seuls. Vous trouverez peut-être d'autres mères seules à l'Association de parents d'élèves de l'école de vos enfants. Vous pouvez aussi en trouver dans votre paroisse, à la synagogue ou dans toute autre organisation semblable. Si vous ne savez pas exactement quelles femmes sont seules, demandez aux responsables du groupe. Ce qui est nécessaire, c'est que ces femmes, en plus de leur solitude, soient sociables.

Une autre façon d'organiser un groupe est de publier une annonce dans votre journal local (pas un grand quotidien). Elle pourrait être ainsi libellée :

« On recherche des mères seules. La première réunion de ce nouveau groupe se tiendra dans quelques semaines. Si vous êtes intéressée, téléphonez au (votre n°) pour plus d'informations. »

Vous devrez bien cerner celles qui appellent, pour pouvoir en sélectionner huit ou dix qui soient agréables.

Après avoir organisé ce groupe, essayez d'établir une permanence téléphonique. Cela sera très utile : les femmes de votre groupe pourront s'appeler à chaque fois qu'elles se sentiront en manque affectif. Cela peut apporter une aide extraordinaire à un des membres en difficulté. Vous verrez avec surprise l'importance d'un tel groupe au fur et à mesure que le temps passera.

Vous pourrez organiser un autre groupe de soutien affectif, complètement différent. Il s'agit uniquement de pères seuls, avec ou sans la garde de leurs enfants. Organisez le groupe de la même façon que pour les femmes seules, dans le même but et avec les mêmes règles. Cela vous apportera beaucoup de les écouter car ils vous aideront à voir les choses du point de vue du père. Vos propres idées sur l'éducation des enfants s'en trouveront élargies. Il ne faudra pas vous attendre à y trouver des partenaires éventuels mais seulement des amis.

Vous pouvez me trouver bizarre de vous suggérer d'organiser un groupe de pères seuls. Dans votre groupe de mères seules et parmi vos amies, vous vous retrouverez sans cesse dans un univers féminin. Le groupe des pères seuls vous aidera à combler le fossé entre les sexes et à voir les problèmes du divorce dans une optique différente. Vous n'en verrez peut-être pas les avantages avant d'avoir essayé.

Vous serez tentée de ne pas organiser ces deux groupes. Vous vous direz que c'est se donner beaucoup de mal, que vous n'en avez pas besoin, que vous pouvez régler vos problèmes vous-même. Ce qui se traduit par : « J'ai peur. » Bien sûr que vous avez peur. Mais il vous faut affronter vos craintes, les surmonter et vous mettre à organiser vos groupes.

Si vous êtes divorcée plutôt que veuve, l'autre démarche importante que vous devrez entreprendre sera de trouver l'occasion de rencontrer d'autres hommes. Même les veuves, à la fin de leur travail de deuil, doivent reprendre une vie normale.

Bien sûr, ce n'est pas facile de rencontrer un homme avec qui vous souhaitiez nouer des liens sentimentaux. Avant d'en rencontrer qui vous plaisent, vous en rencontrerez beaucoup de médiocres. Ou, comme j'ai entendu des femmes seules le dire : « Il faut embrasser beaucoup de crapauds avant de rencontrer un prince. » Où pouvez-vous donc en trouver ?

Quelquefois vous pourrez trouver un parti intéressant chez vos amis. Dites-leur que vous voudriez bien rencontrer quelqu'un qui vous plaise. Même vos amis mariés souhaiteront peut-être vous faire connaître un célibataire intéressant à un dîner. Acceptez toutes les invitations.

Beaucoup de femmes seules essayent les clubs de

célibataires et je ne dis pas qu'il soit impossible d'y trouver un homme valable mais, à mon avis, c'est peu probable. Si vous êtes faite comme Raquel Welsh ou Farah Fawcett, vous serez très sollicitée. Mais je pense que c'est un système assez avilissant. Et rien n'est plus démoralisant pour une femme que de rester assise dans un bar avec une amie, à siroter leur verre toute la soirée sans qu'un seul homme les invite à danser. De plus, la qualité des contacts y est souvent médiocre. L'un dans l'autre, ce genre d'établissement devrait se trouver en fin de votre liste.

Deuxièmement, essayez les clubs de rencontres de réputation bien établie. Ou ceux qui se limitent à une localité particulière, une église ou une synagogue.

Vous pourrez aussi suivre des cours du soir pour adultes. Inscrivez-vous dans des cours où vous savez qu'une majorité d'hommes s'inscrira, traitant de la bourse, de l'immobilier ou du travail du bois. Vous pouvez avoir de la chance et vous trouver dans un cours où il y a beaucoup d'hommes pleins de charme. Ou bien 85 % d'entre eux peuvent être mariés et les autres peu attirants. Dans ce cas, ou vous quittez le cours ou vous étudiez ce qui y est enseigné. Cela ne vous fera sûrement pas de mal d'en savoir davantage.

Au chapitre 24 : « Les hommes, les rendez-vous, la sexualité et le mariage », nous verrons comment rencontrer des hommes. Si vous en êtes à cette étape de votre guérison, rendez-vous directement à ce chapitre. Si vous êtes encore sous le choc de la séparation, travaillez d'abord avec ces groupes de soutien. Et si vous en avez besoin, recourez à l'aide d'un spécialiste. L'argent que vous dépenserez sera peut-être le meilleur investissement à faire dans l'immédiat. Bien sûr, vous pourrez accomplir votre travail de deuil toute seule comme des millions de gens l'ont déjà fait. Mais un conseiller spécialisé vous aidera à faire un travail meilleur et plus approfondi.

6.

VOS ENFANTS ET LE CHOC DE LA SÉPARATION

Nous avons parlé du choc de la séparation et de son effet sur vous, la mère, et de la façon de l'affronter. Parlons maintenant de l'effet produit sur vos enfants et de l'aide que vous pouvez leur apporter. La plus grande partie de ce chapitre concerne les enfants du divorce, mais les principes généraux s'appliquent également à l'enfant qui a perdu un de ses parents.

Vous entendez souvent une mère divorcée dire à peu de chose près : « Oh ! Mes trois enfants ont très bien accepté le divorce. En fait, ils ont été très heureux d'être débarrassés de leur père. » C'est complètement faux. L'expérience refuse cette affirmation tendancieuse. Elle vous montre que *tous* les enfants de la famille sont bouleversés par le divorce dans la période de choc qui suit immédiatement et qui peut durer de six mois à un an ou plus.

Nous savons aussi et nous en avons déjà parlé, que même un mauvais père manque beaucoup aux enfants. Même s'il leur rendait la vie impossible, les jeunes enfants vont recréer dans leur esprit une image embellie et le verront comme plein d'affection et plein d'égards.

Quand leur père est irrégulier dans ses visites ou oublie de venir, les enfants lui trouvent toujours des excuses.

Bobby, âgé de quatre ans, s'est habillé avec deux heures d'avance pour la visite de son père. Une demi-heure avant le moment prévu, il a commencé à écouter et à aller voir dehors si c'était sa voiture. « C'est papa... Je sais que c'est mon papa. » Deux heures plus tard, Bobby sortait encore pour voir, mais plus lentement, avec moins d'assurance. Finalement le père de Bobby est arrivé avec deux heures et demie de retard. « Allez, Bobby on y va ! » Pas d'excuses, pas d'explications. (Wallenstein et Kelly, *Surviving the Break Up*.)

Ce genre de scène se reproduit partout avec des enfants impatients de voir leur père sans tenir compte de la façon dont il les traite. Ce qui compte pour eux, c'est de le voir.

Il ne vous est pas nécessaire d'être spécialiste pour comprendre le choc ressenti en perdant quelqu'un qui occupe une place importante dans votre vie. Si un divorce déstabilise une femme de trente-huit ans, pensez-vous que cela fera moins de mal à une petite fille de quatre ans ? Non, la perte est tout aussi grande pour elle. La vie des enfants est tout aussi bouleversée par l'ouragan de la mort ou du divorce que celle de leurs parents ; ils ont peur et se sentent seuls.

Le moment de la perte

C'est une grande perte pour les enfants lorsque l'unité de la famille est rompue. Elle structurait leur vie et la rendait confortable. Dans le divorce, les enfants ont perdu partiellement leur père — puisqu'il n'est plus père à temps complet mais qu'il est devenu un simple visiteur. Ils n'en prennent pas conscience immédiatement, mais ils ont aussi partiellement perdu la mère qu'ils avaient connue jadis. La mère d'après divorce n'aura jamais autant de temps et d'énergie que celle d'avant le divorce. Elle ne pourra pas non plus être aussi gentille et aussi tendre, à cause des tensions qu'elle ressent. Ces faits s'appliquent doublement à la mère veuve depuis peu.

Les enfants devant une perte aussi éprouvante sont souvent tristes et déprimés. La tristesse peut apparaître indirectement dans des symptômes tels que la boulimie, différents malaises physiques, des insomnies, le manque de goût pour le jeu et l'inhibition.

Presque tous les enfants souhaitent que la famille divorcée se reconstitue et ils continuent à avoir ce fantasme pendant des années. Même si le couple ne s'entendait pas, les enfants (à l'exception des adolescents) souhaitent que leur père et leur mère vivent de nouveau ensemble. Ils le souhaitent si fort que cela les aide à se protéger contre la douleur aiguë qu'ils ressentent.

La période de peur

Qu'est-ce que l'éclatement de l'unité familiale pourrait apporter si ce n'est la peur ? Les enfants s'aperçoivent que leur univers n'est pas aussi sûr qu'ils l'avaient imaginé. Pour la première fois de leur vie, ils comprennent qu'ils sont vulnérables. Leur esprit s'emplit tout à coup de craintes, fondées ou non. Les très jeunes enfants vont se tourmenter pour des choses essentielles : qui va leur donner à manger ou qui va les protéger ? Puisque l'un des parents est parti, ils craignent tout naturellement de perdre l'autre.

Marjorie, âgée de neuf ans, a dit à sa mère : « Si tu n'aimes plus papa, comment est-ce que je peux être sûre de ce qui va m'arriver ? Peut-être que ce sera mon tour la prochaine fois. » (Wallenstein et Kelly, *Surviving the Break Up*.)

Durant le choc de la séparation, les enfants sont submergés par des peurs de toutes sortes. Dans les chapitres traitant des âges spécifiques et des étapes du développement de l'enfant nous discuterons de ces craintes et des autres sentiments de façon plus approfondie.

Le temps du rejet

Quand leur père quitte la maison, les enfants l'interprètent ainsi : « Papa nous a laissés. Il ne nous aime plus sinon il ne ferait pas cela. » Et comme les parents n'ont plus autant de temps à leur consacrer que jadis, les enfants considèrent que c'est une preuve supplémentaire de rejet. Certaines mères agressives intensifient encore ce sentiment en criant, alors que les enfants peuvent l'entendre : « Tu nous as quittés ! tu ne nous aimes plus ! » La mère exprime en fait ses propres sentiments, mais elle inclut ses enfants dans ses invectives parce qu'elle veut en faire ses alliés contre son mari.

Le temps de la solitude

Pendant le choc de la séparation, les enfants ont l'impression que leurs deux parents sortent de leurs vies. L'un d'eux est déjà parti. L'autre est accaparé par ses problèmes personnels et travaille peut-être maintenant au-dehors. Il semble à l'enfant que sa mère lui échappe elle aussi.

Le résultat est qu'il se sent très seul, et éprouve ce sentiment exprimé par un vieux negro spiritual : « Parfois je suis comme un enfant qui a perdu sa mère, très loin de la maison. » L'enfant se sent seul dans un monde où personne ne semble se soucier de lui ou l'aimer.

Le temps des soucis

Les enfants se font du souci pour leurs deux parents. Ils s'en font pour leur père absent qu'ils ne voient plus qu'irrégulièrement. Les plus jeunes vont se demander où il habite, qui fait la cuisine pour lui, s'il aura des amis pour s'occuper de lui.

Les aînés qui se sentent encore en état de dépendance, ont aussi leurs craintes. Janice, neuf ans, se lamentait : « Si maman fume et a un cancer, qu'est-ce que je deviendrai ? » (Wallenstein et Kelly, *Surviving the Break Up*.) Tous ces soucis, bien sûr, ne sont que des variations sur le même thème : « Est-ce que maman et papa vont bien, est-ce qu'ils peuvent encore s'occuper de moi ? »

N'essayez pas de répondre à chaque crainte de votre enfant. Prenez-le dans vos bras et dites-lui (à condition de pouvoir vraiment inclure le père dans vos affirmations) : « Je sais que tu t'en fais parce que tu te demandes si papa et maman peuvent encore s'occuper de toi. Nous t'aimons tous les deux et nous prendrons soin de toi tous les deux. Tout ira bien. »

Le temps de la colère

Pendant le choc de la séparation, enfants et adolescents éprouvent une montée verbale et physique de leur colère et de leur agressivité. Chez les très jeunes enfants, les colères augmentent très sensiblement. Les plus âgés deviennent plus brutaux et expriment violemment leur colère. Elle est dirigée contre leurs frères et sœurs, mais surtout contre leurs parents. Cela peut être dû en partie au fait qu'ils ont assisté à leurs disputes. C'est comme s'ils avaient passé plusieurs années dans une famille où de tels excès étaient interdits. Maintenant que les parents lui laissent libre cours, les règles sont changées et la colère est désormais autorisée.

Quoi qu'il en soit, l'agressivité existe bel et bien chez les enfants. Elle donne la mesure de leur rancœur et de leur rage en voyant que leurs parents les ont abandonnés et ont brisé la sécurité du foyer.

De même, l'enfant orphelin en voudra à son père de l'avoir quitté, tout comme la mère ressent de la colère contre son mari mort. Et comme elle, l'enfant plus âgé et l'adolescent se sentiront honteux et coupables.

Le temps de la loyauté déchirée

Un des problèmes majeurs auxquels l'enfant du divorce se trouve confronté vient de l'impression qu'il a qu'un geste en direction d'un des parents sera ressenti par l'autre comme une trahison. L'enfant aime ses parents et veut faire plaisir à tous deux. Mais beaucoup de parents ne lui laisseront pas ce droit. Leur message est : « Si tu n'es pas avec moi, tu es contre moi. »

Que va faire le pauvre enfant ? Il est déchiré entre sa loyauté pour sa mère et celle qu'il ressent pour son père. S'il est gentil avec l'un il risque d'être rejeté et de faire naître la colère de l'autre. Dans une telle impasse il n'est pas étonnant que certains enfants s'allient complètement à l'un de leurs parents, et manifestent colère et agressivité contre l'autre.

La réponse à cela est simple à énoncer mais difficile à mettre en pratique. Si les parents arrivent à garder pour eux leurs querelles et à maintenir les enfants à l'écart, ils leur épargneront cette alternative insoluble. Mais ceux et celles d'entre vous qui ont expérimenté ou vu de près les conflits aigus dans lesquels les parents entraînent les enfants savent à quel point il est difficile de résister à la tentation de se faire soutenir par eux.

Vous connaissez maintenant les angoisses qui vont assaillir vos enfants pendant le choc de la séparation : la peur, le rejet, la solitude, les soucis, la colère, la loyauté déchirée.

Je suis sûr que vous serez naturellement poussée à prendre votre enfant dans vos bras et à dire : « Ne t'inquiète pas. Ne sois pas en colère. Papa et maman vont te guérir de tous tes soucis et t'aider à les chasser. »

Mais il lui faudra du *temps* pour s'en débarrasser. Pour cela, il a besoin d'un allié qui le comprenne et se tienne à ses côtés. Vous pourrez être cet allié si vous savez comment vous y prendre.

Ce sera possible si vous êtes sincère avec lui, si vous le rassurez et si vous tenez vos promesses. Vous l'aiderez tout particulièrement avec la méthode du feed-back dont nous avons déjà parlé. En voici un nouvel exemple. Supposons que les parents sont divorcés. (La technique serait la même avec un orphelin.)

Voici d'abord comment de nombreux parents affronteraient les sentiments négatifs de leurs enfants en n'utilisant pas la technique du feed-back :

Tony (dix ans) : « Je déteste vous voir tout le temps vous disputer, papa et toi. J'en ai assez. »

Maman : « Oui, on ne peut pas s'empêcher de se disputer quand on est en instance de divorce. De toute façon, ton père est insupportable. N'importe qui se disputerait avec lui. »

Tony : « Ça y est, tu recommences. Tu dis toujours du mal de papa. Tu sais bien que c'est tout de même mon père. »

Maman : « A chaque fois que je parle de ses défauts, tu prends toujours sa défense. Ça n'est pas la même chose avec moi. »

Tony : « Comment veux-tu que je te défende ? Si je te défends devant papa, cela le rend furieux. J'ai tort de toute façon ! »

Maman : « Nous faisons tout ce que nous pouvons tous les deux et c'est comme cela que tu le prends ! »

Voyons maintenant ce qui se passerait dans la même situation si la mère utilisait la technique du feed-back en renvoyant simplement les sentiments de Tony sans faire de commentaire.

Voici ce que cela donnerait :

Tony : « Je déteste vous voir tout le temps vous disputer, papa et toi. J'en ai assez.

Maman : « Cela te rend vraiment malade de nous voir nous disputer ? »

Tony : « Oui, et tu dis toujours du mal de lui. C'est mon père, tu sais. »

Maman : « Tu n'aimes pas quand je dis du mal de lui, car c'est le seul père que tu aies. »

Tony : « Oui, si je dis quelque chose de gentil sur lui, tu te mets en colère et si je lui dis quelque chose de gentil sur toi, il est furieux. Je peux bien faire n'importe quoi, j'aurai toujours tort ! »

Maman : « Tu as donc l'impression d'être entre le marteau et l'enclume. Si tu me dis du bien de lui, tu crains que je me mette en colère. Et si tu lui dis du bien de moi, tu as peur qu'il soit furieux. Si bien que tu ne sais jamais quoi faire ! »

Tony : « C'est vrai, je ne sais jamais comment m'y prendre ! »

Vous remarquerez que lorsque la mère utilise la méthode du feed-back, elle ne discute aucun des sentiments de Tony. Elle n'essaye pas de le convaincre par des arguments logiques. Elle ne fait que lui renvoyer avec ses propres mots les sentiments qu'il vient d'exprimer. Elle n'essaye pas de le faire renoncer à aucun de ses sentiments : rejet, peur, colère ou quoi que ce soit. Elle devient une alliée qui l'écoute et le comprend.

Vous ne pouvez pas empêcher votre enfant d'avoir des sentiments négatifs — il ne pourra pas s'en débarrasser avant plusieurs semaines ou plusieurs mois. Et il serait absurde de l'obliger à y renoncer. Donnez-lui, au lieu de cela, la possibilité de les exprimer le moment venu et montrez-lui, en les lui renvoyant, que vous le comprenez.

Si vous souhaitez avoir de plus amples détails sur la technique de feed-back, consultez le chapitre : « La technique du feed-back » dans mon livre *Aimer sans tout permettre* *, et celui du Dr Thomas Gordon *Parent Effectiveness Training*.

Plusieurs éléments seront décisifs pour aider l'enfant à supporter aisément le divorce. Le premier est sa capacité à maîtriser le stress, capacité déterminée essentiellement par la confiance en soi et l'estime de soi. A l'extrême, on trouve l'enfant accablé par cette perte terrible, presque anéanti psychologiquement par l'hostilité de ses parents l'un pour l'autre et par le divorce lui-même. Il a peu de ressources psychologiques et son bonheur et son estime de soi dépendent presque entièrement de ses parents. Lorsque ceux-ci, perdus dans leurs difficultés et leur désarroi deviennent incapables de les lui fournir, il s'effondre.

A l'autre extrême se trouve l'enfant doué d'une grande confiance en lui qui ne dépend pas beaucoup de ses parents pour son bien-être intérieur. Il souffrira du stress de ses parents et du divorce, mais sa force intérieure lui permettra de se tenir à l'écart des malheurs de ses parents.

Sa capacité à maîtriser et à exprimer sa colère sera déterminante pour supporter l'épreuve du divorce. L'enfant incapable de le faire et qui refoule ses sentiments au lieu de les exprimer sera le plus affecté. A l'opposé, l'enfant qui pourra maîtriser et exprimer ses sentiments parviendra à les évacuer.

---

* Collection « Réponses », Robert Laffont.

Un autre facteur décisif pour aider l'enfant à survivre au divorce est, comme je l'ai déjà dit, le type de rapports que les parents entretiendront pendant cette période difficile. S'ils parviennent à ne pas écraser l'enfant du poids de leur hostilité, ils lui feront un cadeau inestimable : celui de ne pas être entraîné dans le gouffre de leur propre colère. L'enfant sait que ses parents ont beaucoup de rancœur mais elle ne rejaillit pas sur lui. Cela l'aidera beaucoup de savoir que même s'ils ont des griefs réciproques, ils ne lui en veulent pas.

Vous voyez donc d'après tout cela qu'il est fou d'essayer de parler d'un « enfant type du divorce ». Il n'existe pas. Chaque enfant est différent et survivra différemment, en fonction des facteurs internes et externes de sa vie. Il en est de même pour l'enfant orphelin : il supportera la tempête en fonction de son univers intérieur et extérieur.

Souvenez-vous que si vous vous occupez attentivement de lui pendant cette période, son psychisme ne sera pas nécessairement ébranlé par cette perte. Soyez sûre de lui donner une chance de libérer ses sentiments de souffrance. Dites-lui par exemple : « Je sais que tu es très malheureux que papa soit mort. Je sais aussi qu'il te manque beaucoup. Moi aussi, il me manque. Mais tu es un adorable petit garçon et je t'adore. Nous sommes tous les deux très tristes en ce moment, mais dans quelque temps, nous commencerons à nous sentir mieux. »

Ou dites-lui : « Je sais que tu es très malheureux parce que papa et moi divorçons et que nous ne vivons plus ensemble. Mais papa viendra te voir très souvent et il t'aimera toujours autant que maintenant. Papa et moi nous nous séparons, mais pas de toi et nous ne le ferons jamais. » Puis laissez-le dire qu'il est malheureux.

La période de deuil pour un enfant de divorcé ou pour un orphelin durera peut-être six mois ou un an. Mais si après un certain temps vous voyez que l'enfant est toujours accablé et que vous vous sentez impuissante, allez consulter un psychologue.

7.

ÉLEVER SEULE SON ENFANT

Les aptitudes nécessaires à une mère seule pour élever son enfant sont les mêmes que celles que doivent posséder les parents de famille unie. Si vous n'êtes pas très au courant des techniques éducatives de base, je vous suggère de lire mes ouvrages précédents : *Tout se joue avant six ans* *, et *Aimer sans tout permettre* *. Vous y trouverez tout ce que vous devez savoir pour faire un travail d'éducatrice efficace. Je n'expliquerai pas dans ce livre les techniques que j'ai définies dans d'autres. J'insisterai seulement sur celles qui vous sont tout spécialement nécessaires et qui sont différentes de celles que vous utiliseriez si vous viviez en couple.

Un des actes les plus importants de votre vie de parent seul, c'est d'établir *qui détient le pouvoir dans la famille.* Théoriquement, c'est vous, bien sûr. Mais pendant les vingt années où j'ai travaillé comme psychologue, j'ai rencontré de très nombreuses familles (monoparentales et biparentales) dans lesquelles c'étaient les enfants plutôt que les parents qui diri-

* Collection « Réponses », Robert Laffont.

geaient la famille. Et, dans ce cas, les parents avaient perdu la partie avant même de l'avoir commencée.

Ce sont les cas extrêmes qui nous apprennent le plus, je vais donc vous donner un exemple d'enfant au pouvoir et de mère complètement démunie. C'est un de mes patients, âgé d'environ quarante ans, qui me l'a raconté. Il était sorti plusieurs fois avec une femme de trente-cinq ans et il l'avait invitée pour le rendez-vous suivant à venir camper avec lui pour le week-end. Elle accepta mais lui dit que sa fille, lycéenne, la conduirait chez lui et pourrait ainsi utiliser la voiture pendant le reste du temps. Mais quand la mère et la fille arrivèrent, la mère l'entraîna dans un coin pour lui dire : « Linda n'a cessé de me prendre à partie pendant tout le trajet, en me disant que j'étais folle d'aller camper avec un homme que je ne connaissais que depuis quelques semaines. Elle est absolument furieuse et quand elle est comme cela, il y en a pour longtemps. Je crois que je ferais mieux de rentrer. »

Mon patient en resta abasourdi. « C'est incroyable, Roberte. C'est vous l'adolescente et votre fille, la mère. Vous l'autorisez à dire ce que vous devez faire et ne pas faire. Est-ce que vous vous rendez compte de ce qui se passera quand elle se mariera ? Elle aura été tellement habituée à vous mener à la baguette qu'elle pensera pouvoir agir de la même façon avec son mari jusqu'au moment où cela cassera. »

« Je suis désolée, Steve, mais je ne peux vraiment pas aller camper avec vous. Mais nous pouvons prévoir une autre date qui conviendra à Linda. »

« Non. Dans la perspective d'une relation sérieuse, je ne veux pas entrer dans ce jeu. Je n'ai jamais rencontré pareille chose et je n'ai aucune envie que cela m'arrive encore. Quand vous vous conduirez en chef de famille au lieu de laisser ce rôle à votre fille, faites-le-moi savoir. »

Au lieu d'être comme Roberte, voici un modèle positif à imiter.

Rappelez-vous quand vous étiez au lycée et qu'un professeur remplaçant vous faisait cours. Habituellement, la classe se liguait contre lui et lui rendait la vie impossible. Il faut reconnaître que peu de remplaçants savaient tenir une classe. J'ai connu une exception. Je l'ai rencontré en première année de lycée. Il s'appelait Mr. Dennaburg — Jerry Dennaburg. Il remplaçait notre professeur de gymnastique et je me rappelle encore comment il a su prendre notre classe.

Il est resté debout, sans rien dire devant nous. Quand nous nous sommes tus, il a commencé à parler doucement mais assez fort pour être entendu de toute la classe.

« Je m'appelle Mr. Dennaburg et il y a seulement deux règles à observer au cours. Si nous nous entendons bien et faisons ce que nous devons faire, tout ira bien. Mais si l'un d'entre vous décide de chahuter et de faire le malin, alors il aura des ennuis. »

Il a continué en donnant d'autres instructions sur la façon dont se dérouleraient les différentes parties du cours : volley-ball, basket-ball, etc.

Il parlait depuis environ cinq minutes, quand une voix s'est élevée au dernier rang : « Dennaburg est débile. »

Mr. Dennaburg a repéré immédiatement d'où venait la voix.

« Toi, là-bas ! »

« Oui, monsieur. »

« Ton nom ? »

« Wilkins. »

Alors Mr. Dennaburg a tiré un petit bloc de papier de sa poche, a écrit dessus et a déchiré la page.

« Prends ce papier et porte-le au bureau du principal. Et, à ta place, je ne traînerai pas en chemin, car je vais discuter de ton cas avec lui dans très peu de temps. »

« Oui, monsieur. »

A cette première rencontre avec Mr. Dennaburg, nous avions tous compris que ce n'était pas un remplaçant ordinaire. Il ne hurlait pas comme Mr. Huston : « O.K. les gars. Ne croyez pas que vous aurez le dessus, vous vous trompez ! » Il n'avait pas non plus essayé d'être notre copain comme Mr. Sneedly : « Nous allons très bien nous entendre et nous allons faire du bon travail ensemble. Vous me comprenez, n'est-ce pas ? »

Avec ces deux professeurs, nous savions qu'ils n'étaient vraiment pas sûrs d'avoir le pouvoir dans la classe. Ils le montraient à leur façon. Mr. Dennaburg avait montré dès le début qu'il était le plus fort et qu'il le savait.

C'est ce que vous essayerez de faire en tant que mère seule depuis peu. D'abord, il vous faudra réunir la famille (à un moment où rien ne pourra vous interrompre : ni un programme de télévision, ni un repas, ni des devoirs.) Le but de cette réunion sera de définir qui détient le pouvoir, même si vous ne le dites pas explicitement. Ce sera plus facile, bien sûr, si vos enfants sont très jeunes, et s'ils sont déjà habitués à une définition claire du pouvoir parental plutôt que s'ils sont habitués à vous tenir tête.

De toute façon, la mère en tant que chef de famille se trouve dans une situation nouvelle et d'autres règles deviennent nécessaires. Voilà le message que vous devez transmettre à vos enfants. Exprimez-le dans vos propres termes. Si vous vous adressez à des enfants dont le père est mort, vous souhaiterez adoucir le ton. Mais tous se sentiront plus à l'aise de savoir que leur mère contrôle la situation. C'est aussi vrai pour les enfants du divorce que pour les orphelins, même s'ils n'ont pas l'air d'apprécier.

Comme je vous l'ai dit, trouvez une manière personnelle de transmettre ce message :

« Voilà, les enfants. Vous allez tous avoir la possibilité de parler à cette réunion. Mais personne n'aura le droit de critiquer ce que disent les autres. Je vais d'abord parler parce que je suis la mère.

« Tout est différent maintenant puisque nous sommes une famille avec un seul parent au lieu de deux. Papa n'est plus là. » (Ajoutez quelques mots sur leur père divorcé qui les aime encore et qui les reverra mais qui n'est plus membre de la famille. Ou dites combien leur père mort vous manque à tous, quel rôle il jouait dans la famille et que c'est vous qui allez le remplacer.)

« Maintenant, c'est moi qui ai la charge de la famille et il faut que nous établissions de nouvelles règles.

« D'abord, nous aurons moins d'argent donc moins à dépenser pour vous et pour moi. Je suis désolée mais je n'y peux rien et il vaut mieux que vous le sachiez tout de suite.

« Ensuite, nous devrons tous nous y mettre et nous entraider pour les corvées de la maison. J'ai fait une liste de ce qui doit être fait régulièrement. Au lieu de décider arbitrairement ce que chacun d'entre vous doit faire, je voudrais d'abord vous donner la possibilité de choisir. » (Vous montrez aux gosses un tableau des différentes tâches écrites en grosses lettres et vous les laissez choisir. Vous attribuez vous-même ce que personne n'a choisi au milieu de hurlements de protestation ; assurez-vous de vous inscrire pour plusieurs corvées vous-même, la cuisine par exemple.) Une fois toutes les tâches distribuées, demandez si quelqu'un a une remarque à faire. Il y en aura, soyez-en sûre ! Laissez-les s'exprimer même s'ils ne sont pas contents. Mais exigez qu'un seul parle à la fois et que personne ne critique ce que disent les autres.

Quand ils auront tous terminé, dites par exemple : « Maintenant, nous savons tous ce que nous avons à faire. Si nous faisons tous notre travail, ensemble nous allons être une famille formidable — allons-y ! » Terminez la réunion avec certaines friandises que les enfants aiment ou allez acheter des glaces.

Si l'un d'entre eux demande ce qui se passera si quelqu'un ne fait pas son travail, répondez : « La punition sera terrible. »

Supposons maintenant que votre plan une fois établi, l'un des enfants n'accomplisse pas sa tâche. Comment maîtriser cette situation ? Faites la grève de la cuisine pendant une journée : préparez à manger pour les autres à l'exception du rebelle. S'il persiste à vouloir ne rien faire, continuez à refuser de lui faire ses repas. Dès qu'il recommence à accomplir sa tâche, vous recommencez à lui préparer ses repas. Ou bien vous cessez de laver ou de repasser les vêtements. Ou bien vous allez toute seule au cinéma.

Je suis bien conscient que ce n'est pas chose facile que de faire une telle réunion et de la diriger. Je ne vous demande pas de vous sentir à l'aise, je vous demande seulement de le faire. Car si vous n'organisez pas une telle réunion et si vous n'établissez pas tout de suite votre autorité de parent, vous rencontrerez par la suite de grandes difficultés.

Il est plus facile de faire collaborer les enfants au début du choc de la séparation, qu'ils montrent ou non leur désarroi. A ce moment-là ils réagiront plus positivement à la voix d'un chef énergique qu'ils ne le feraient quelques mois ou un an plus tard.

S'il vous semble que tenir une telle réunion (et respecter les décisions prises) dépasse vos capacités, payez-vous quelques consultations chez un spécialiste pour acquérir la confiance en soi nécessaire. Même s'il vous est difficile de vous ressaisir et de prendre la famille en charge en plein choc de la séparation, c'est à ce moment-là qu'il faut le faire.

Il faudrait réunir les enfants un soir par semaine, mais pas le week-end. Donnez à chacun la possibilité de dire ce qu'il pense et ce qui le gêne. Appelez cela l'assemblée familiale. Terminez-la toujours par quelques gâteries ou quelque chose que les enfants aiment tous.

Une fois que vous aurez établi que c'est vous qui commandez, l'étape suivante consistera à fixer un système de récompense positive. Cela vous aidera à créer un esprit d'entraide et vous évitera de les surveiller constamment. Ce système de récompense positive est une aubaine pour vous. Et il rendra grand service par la suite à vos enfants car cela aidera à leur motivation.

Inscrivez en lettres d'or ce principe : *Toute action (d'un enfant) qui reçoit une récompense positive sera encouragée et aura toute chance d'être répétée.* Autrement dit, chaque fois que l'enfant fait ce qu'on attend de lui, récompensez-le par un baiser, un câlin, un compliment ou peut-être une glace ou une demi-heure spéciale avec vous. Soyez attentive aux périodes où l'enfant est simplement sage — où il joue calmement, où il ne lance pas ses jouets, où il va au lit sans histoires — et récompensez-le aussi souvent avec un câlin, un baiser ou un mot affectueux. Vous vous apercevrez qu'il se comportera de façon de plus en plus positive si ce n'était pas le cas auparavant.

Très peu de parents, qu'ils soient seuls ou ensemble, ont recours à ce système. Au lieu de cela, ils menacent, tempêtent, donnent des fessées, sermonnent, ou font des choses aussi stupides qui n'ont absolument aucun effet. Si vous recherchez toute *bonne* conduite et la récompensez, vous la renforcerez nécessairement. Vous vous apercevrez que ce système améliore l'atmosphère de la vie en famille. Si vous ne savez pas très bien comment vous y prendre, consultez le chapitre qui s'y rapporte dans mon livre *Aimer sans tout permettre*.

Surtout, ne croyez pas à la légende du foyer brisé selon laquelle tout enfant issu d'un tel foyer est forcément inadapté au niveau psychologique. C'est absolument faux et vous en donnerez la preuve. Car vous êtes déjà sur la bonne voie pour faire de vos enfants des adultes heureux et actifs.

Une autre tâche importante pour la mère seule consiste à créer des structures et un certain ordre dans son nouveau foyer monoparental. Si vous travailliez avant, continuez à exercer votre métier. Si vous n'aviez pas d'activité extérieure, trouvez-en une. Vous lever le matin et fournir un certain travail en rapport avec votre métier vous aidera beaucoup sur le plan psychologique. Même si votre situation financière vous permet de ne pas travailler, je vous conseille néanmoins, si possible, de le faire au moins à mi-temps. Cela vous forcera à vous impliquer dans le monde extérieur et vous empêchera de vous retrancher dans le cercle étroit de votre famille.

Vous pouvez considérer que vos enfants sont une charge énorme que vous êtes obligée de supporter en plus de votre sentiment de perte. On ne peut certes nier qu'ils soient un fardeau. Mais vous pouvez aussi remercier Dieu de vous l'avoir donné. Car leurs exigences, tout comme celles de votre métier, vous forceront à tenir. Tant que vous aurez à vous occuper de vos enfants et à résoudre leurs problèmes, vous ne penserez plus aux vôtres. C'est votre travail et vos enfants qui vous aideront effectivement à créer les structures dont votre vie a besoin.

En tant que parent seul, n'oubliez pas que les garçons aussi bien que les filles ont besoin d'un père de substitution : le garçon a besoin d'un homme auquel il puisse s'identifier et qu'il pourra prendre comme modèle. La petite fille a besoin aussi d'un modèle pour l'homme qu'elle épousera plus tard. L'absence de père représente pour eux un manque considérable. Peut-être trouverez-vous un membre de votre famille ou de votre belle-famille capable de jouer un rôle actif auprès d'eux. Un homme avec lequel vous sortez ne devrait pas essayer de jouer ce rôle avant d'avoir établi une relation durable avec vous. Je vous conseille de ne pas introduire les hommes que vous rencontrez dans la vie de vos enfants sauf si vous avez décidé de voir l'un d'eux régulièrement. Ce que vous pourrez faire de mieux c'est de trouver un lycéen ou un étudiant pour sortir les enfants et avoir des activités avec eux. Tout bien considéré, je crois que c'est la meilleure solution.

Autre chose importante, que vous vous devez de faire pour vous-même, c'est de rester physiquement en forme. L'activité vous y aidera et chassera le cafard. Si vous avez la quarantaine ou davantage, il est très important de prendre régulièrement de l'exercice. Dans son livre *Vigor Required,* le docteur Herbert DeVires cite les travaux qui prouvent que l'exercice peut réellement rajeunir des gens plus âgés. Cette étude montre que trois heures d'exercices hebdomadaires contrôlés ont aidé des hommes et des femmes de soixante-dix ans à retrouver la vigueur et les fonctions physiques de la quarantaine.

En tant que mère seule, vous serez certainement assaillie d'une masse de conseils à propos de tout : vendre la maison, acheter une autre maison, en louer une, louer un appartement, être plus permissive ou sévère avec les enfants, sortir, ne pas sortir avant six mois, trouver un travail ou le quitter, etc. Vos amis, vos parents, vos beaux-parents et vos voisins vous donneront ces conseils gratuits qui valent exactement ce qu'ils coûtent — c'est-à-dire rien.

A ce moment-là vous ressentirez colère et culpabilité et vous traverserez une période de confusion. Vous craindrez problablement de ne pouvoir totalement maîtriser toute seule la responsabilité entière d'une famille (surtout si votre mari n'est pas là pour garder le contact avec les enfants.)

Vous vous sentirez parfois démunie et dépendante, comme une petite fille à qui on demanderait tout à coup de diriger une vaste entreprise. Même si cette impression est justifiée, ne vous accrochez pas aux conseils qu'on vous offre généreusement ; ignorez-les. Essayez de vous fixer des buts nouveaux et adaptés.

Demandez-vous d'abord : *Quelle sorte de travail est-ce que je veux faire et suis-je qualifiée ?* Si vous avez déjà un travail à l'extérieur, demandez-vous si c'est bien ce que vous voulez faire. Si vous ne travailliez pas auparavant, il vous faudra sans doute trouver un emploi ou suivre un stage de formation. De nombreuses universités ont des conseillers susceptibles de vous aider. Si vous vous trouvez tout d'un coup obligée de gérer la fortune de votre mari, cela peut vous occuper pendant un temps.

Demandez-vous ensuite : *Quels objectifs ai-je pour chacun de mes enfants ?* Cela implique des objectifs à court et à long terme.

Troisièmement : *Quels sont les objectifs nouveaux pour ma vie personnelle ?* Demandez-vous quelles activités vous intéressent vraiment et celles auxquelles vous aimeriez vous intéresser. Tenez compte de la vie sociale que vous aimeriez avoir. Les amis avec lesquels vous aimeriez vraiment rester en relation. Quelles qualités cherchez-vous chez un homme ? Voici des réponses possibles, pas nécessairement par ordre d'importance : (1) L'intelligence. — (2) Le sens de l'humour. — (3) La gentillesse et l'amabilité. — (4) La communication aisée des sentiments négatifs aussi bien que positifs. — (5) Qu'il soit attirant sexuellement. — (6) Qu'il soit un bon partenaire au lit. Si vous trouvez un homme doué de toutes ces qualités, ne le lâchez pas !

8.

LA JOURNÉE D'UNE MÈRE SEULE

Voilà une journée type : le chat a grimpé dans un arbre de la cour, votre fils de quatorze ans s'est fait prendre à fumer de la marijuana dans les toilettes de l'école, celui de neuf ans a oublié ses affaires à la maison, votre fille de seize ans ne trouve plus l'encyclopédie et elle a un devoir à rendre pour le lendemain.

Comment affronter tout cela ? Observons une de ces mères à la tâche.

Le téléphone sonne au bureau. Une collègue répond.

« Muriel, c'est pour toi. »

« Qui est-ce ? »

« Ton fils, Martin. »

« Demande-lui ce qu'il veut. »

« Il dit qu'il a perdu son sandwich. »

« Quoi ? Dis-lui que je suis en train de taper un rapport important. Je le rappellerai dans dix minutes. »

« Il dit qu'il a besoin de te parler tout de suite. »

« Dis-lui que je l'appellerai dans un quart d'heure. Raccroche. »

Cinq minutes plus tard, Martin rappelle :

« J'ai oublié mon sandwich. »

« Écoute, Martin, si tu faisais plus attention, tu n'aurais pas tous ces ennuis. »

« Tu es méchante, maman ! Tu m'attrapes toujours ! »

« Ce n'est pas de la méchanceté. Je te dis seulement la vérité. Alors où as-tu mis ton sandwich ? »

« Je te dis que je ne sais pas ! »

« Bon ! Si tu ne sais pas où tu l'as mis, tu vas aller en chercher un autre. Va en chercher un à la cafétéria. »

« Mais, maman, je n'ai pas d'argent. »

« Martin, va à l'intendance emprunter de l'argent à quelqu'un. »

« Je ne connais personne et je n'ose pas. »

« Martin ! Tu connais Mme X. Demande-lui de te prêter de l'argent. »

« Je n'ose pas ! »

« Martin ! Si tu ne descends pas immédiatement emprunter de l'argent à Mme X, tu t'en souviendras ! Arrête de renifler et fais ce que je te dis ! »

« O.K. ! O.K. ! »

Remarquez ce qui se passe entre la mère et l'enfant. D'abord, il attend pour parler à sa mère beaucoup plus longtemps qu'il ne peut le faire. Quand il arrive enfin à entrer en contact avec elle, elle ne lui dit pas qu'elle le comprend. Il commence à avouer qu'il a perdu son sandwich et elle l'expose à une difficulté supplémentaire. Elle l'attaque verbalement, ce qui mine sa confiance en lui. Elle ne lui montre pas du tout qu'elle comprend ce qu'il ressent.

Voyons maintenant comment elle aurait pu affronter cette situation de façon plus satisfaisante.

Le téléphone sonne.

« C'est pour vous. Votre fils, Martin. »

« Martin, je ne peux pas te parler très longtemps car

j'ai un travail important à finir. Qu'est-ce qui ne va pas ? »

« J'ai perdu mon sandwich. »

« Tu l'as cherché et tu ne le trouves nulle part ? »

« Oui. »

« O.K. Il faudra que tu en achètes un autre. »

« Je n'ai pas d'argent, maman. »

« Écoute, tu peux en emprunter à l'intendance à Mme X. »

« Je n'aime pas emprunter de l'argent. »

« Eh ! bien, tu as le choix : ou tu empruntes de l'argent et tu manges ton sandwich ou bien tu n'as rien à manger. »

« O.K., maman. »

« D'accord, Martin ? Je suis désolée pour toi. A ce soir. »

Notez que cette fois elle n'a pas agressé Martin et elle a passé son temps à lui indiquer les moyens d'avoir un autre sandwich. Elle lui a montré comment résoudre le problème et n'en a pas ajouté un autre en l'agressant. La plupart des difficultés que nous allons évoquer dans ce chapitre se rapportent à des problèmes, à l'école ou à la maison, qui perturbent ou risquent de perturber le travail de la mère seule.

Je vais vous raconter une anecdote authentique qui représente un excellent exemple de la façon dont il faut affronter une telle situation. A l'époque où Robert Kennedy était attorney général des États-Unis, il donnait une importante conférence de presse à la Maison-Blanche. Il y avait environ soixante-dix journalistes présents. Tout à coup, le fils de Kennedy, âgé de six ans, entra en trombe dans la salle et se dirigea vers son père à qui il chuchota quelque chose. Kennedy leva la main pour demander le silence et s'adressa à l'assemblée : « Mesdames et messieurs, je suis désolé, mais je dois parler quelques instants à mon fils. » Il l'emmena dans un coin pour lui parler. En moins de dix minutes, Kennedy régla le problème qui tourmentait son fils. Celui-ci sortit de la pièce et Kennedy reprit sa conférence de presse.

Je trouve que c'est une très belle façon de maîtriser la situation. Kennedy n'avait pas demandé à son fils d'attendre la fin de la conférence car il savait que c'était trop long pour un enfant de six ans. Il s'était occupé immédiatement de lui et avait résolu le problème. Ensuite, il avait pu consacrer toute son attention à la conférence de presse. S'il lui avait dit qu'il s'occuperait de lui dès que ce serait fini, l'enfant aurait probablement troublé la réunion en essayant sans cesse de parler à son père.

Donc, chaque fois que votre enfant désire votre attention immédiate sur un sujet qui le préoccupe, n'hésitez pas.

En essayant de repousser la conversation à plus tard, vous perdrez sûrement plus de temps que si vous lui parliez tout de suite.

Pour mieux faire face à certaines situations difficiles, il est important de décider par avance de ce que vous ferez et d'en avertir votre enfant. Bien sûr, vous ne pourrez pas prévoir tout ce qui peut arriver. Mais vous pouvez établir certaines règles.

Par exemple, si l'enfant oublie quelque chose à la maison, que ce soit un livre pour la classe ou un objet promis à un copain, la règle sera qu'il l'apporte le jour suivant à l'école. Mais personne de la maison ne se déplacera spécialement ; Maman ne peut pas se libérer de son travail pour le faire. Si un enfant oublie un livre de classe, il l'apportera le lendemain ; s'il oublie son sandwich, il en achètera un. Il aura toujours un peu d'argent dans sa poche pour les urgences. L'enfant n'aimera peut-être pas ces règles, mais il les connaîtra à l'avance. Et il ne s'attendra pas à ce que vous fassiez le chauffeur pour apporter les divers objets laissés à la maison.

S'il s'agit d'un incendie qui se déclare, il est important de ne pas se contenter d'avoir dit ce qu'il faut faire aux enfants mais il faut leur avoir fait répéter leur rôle.

Cela les aidera à mémoriser comment agir dans une telle situation.

Guidez vos enfants en leur demandant de répéter ce qu'ils doivent faire si le feu se déclare dans une partie de la maison. Assurez-vous qu'ils savent aussi ce qu'ils doivent faire si cela se passe pendant qu'ils dorment.

Je connais une famille où la mère était partie pour le week-end ; le père et les trois enfants étaient restés à la maison. Un incendie commença par un court-circuit dans le poste de télévision. Le feu se déclara au milieu de la nuit alors que le père et les enfants étaient endormis. Le père sauva un des enfants mais l'incendie se propagea si rapidement qu'il ne réussit pas à sauver les deux autres dans une chambre du premier étage. Il fut tout simplement incapable de les atteindre à temps. Il fut grièvement brûlé. Si les enfants s'étaient entraînés à faire ce qu'il faut dans une telle situation, ils auraient pu se sauver tout seuls.

Ne laissez personne se moquer de vous et dire que vous faites trop d'histoires. On ne devrait jamais sous-estimer les risques d'incendie. Vous prenez seulement des précautions raisonnables en faisant ce genre d'exercice.

Autre problème : un intrus peut vouloir pénétrer dans la maison. Il faut apprendre à vos enfants à lui refuser l'entrée. Ils ne doivent sous aucun prétexte laisser entrer quelqu'un dans la maison. Si un inconnu a besoin de téléphoner ou donne n'importe quelle autre raison pour demander à entrer, qu'il aille dans la maison d'à côté.

C'est si important qu'il me paraîtrait judicieux non seulement d'informer les enfants mais de leur faire également jouer cette situation. Ce sera alors beaucoup mieux fixé dans leurs esprits que si vous vous contentez de leur en parler.

Réunissez vos enfants et dites-leur par exemple :

« Les enfants, j'aimerais vous voir jouer cette situation pour que vous sachiez comment vous y prendre si cela se produit. Je vais faire semblant de sonner à la porte d'entrée : l'un d'entre vous est tout seul pour répondre. O.K. ? On sonne à la porte !

« Mon petit garçon, mon mari est très malade dans la voiture, dehors, et il faut que je trouve un docteur le plus vite possible. Est-ce que je peux utiliser ton téléphone un instant ? »

« Non, ce n'est pas possible. »

« Qu'est-ce que tu veux dire par là ? Je te répète que mon mari est malade et que j'ai besoin de téléphoner au médecin. »

« Je ne peux pas vous laisser téléphoner. »

« Mon mari va peut-être mourir et ce sera de ta faute. Laisse-moi entrer. »

« Non, je ne peux pas. »

« Alors, qu'est-ce que je vais faire ? »

« Utilisez le téléphone des voisins. »

« Je téléphonerai à ta mère plus tard pour lui dire à quel point tu as été odieux. »

« Allez-vous-en. »

« C'est bon. Tu regretteras de ne pas m'avoir laissé utiliser ton téléphone. Au revoir ! »

Cette fois, l'inconnue va essayer de l'acheter.

« Mon petit garçon, j'ai mon fils qui a ton âge dans ma voiture et il est très malade. J'ai besoin de téléphoner au docteur. Est-ce que je peux utiliser ton téléphone ? »

« Non, je regrette mais ce n'est pas possible. »

« Pourquoi dis-tu cela ? C'est urgent et mon petit garçon risque de mourir. La seule chose à faire est de me laisser utiliser ton téléphone. Cela prendra une minute ! »

« Désolé, mais je ne peux pas. »

« D'accord ! Regarde ! Est-ce que tu aimes les bonbons ? »

« Sûrement. »

« En voilà deux. Je te les donne si tu m'ouvres la porte. »

« Non, je suis navré mais je n'ai pas le droit. »

« Tu ne veux pas de bonbons ? »

« Si, mais je ne peux pas ouvrir la porte. »

« D'accord. Tu le regretteras ! »

Faites jouer ce rôle à chacun de vos enfants pour être sûre qu'ils sauront résister aux propositions malhonnêtes de n'importe quel inconnu.

Si celui-ci persistait, apprenez à vos enfants à appeler la police pour s'en débarrasser.

« Maintenant, écoute, mon petit. Tu ne veux pas me rendre service mais j'ai besoin de téléphoner et tu es odieux en m'empêchant de le faire ! »

« Madame, si vous ne partez pas tout de suite, j'appelle la police et je leur demande de venir pour vous empêcher de m'ennuyer. »

« Bon, je m'en vais, mais tu regretteras de ne pas m'avoir aidée. »

C'est un autre type d'urgence si l'un de vos enfants se blesse ou se fait mal. Dans ce cas, ils doivent vous téléphoner pour vous prévenir et vous dire ce qui ne va pas. Si la blessure est sérieuse, téléphonez tout de suite à votre médecin pour lui demander de passer chez vous. Si, pour une raison quelconque, votre enfant ne peut pas vous atteindre à votre bureau, il faudra qu'il appelle lui-même le médecin. Ayez soin d'inscrire son numéro de téléphone en gros chiffres près de l'appareil. Si la situation ne vous semble pas très grave, vous pouvez rentrer chez vous et vous en occuper vous-même ou téléphoner à un voisin pour lui demander ce service.

De votre point de vue d'adulte, vous aurez souvent l'impression que votre enfant vous dérange pour des choses ridicules qu'il pourrait régler tout seul. Et vous serez tentée de lui dire que ce n'est pas très important. Mais ce qui peut vous paraître insignifiant ne l'est pas forcément à vos yeux. Rappelez-vous qu'il ne vous appellerait pas s'il n'était pas inquiet. Vous penserez peut-être : « Il a perdu son sandwich ? Qu'il en achète un autre et la question est réglée. » S'il voyait les choses de cette façon, il le ferait. Pour être rassuré, il est évident qu'il a besoin que vous lui expliquiez comment résoudre la question. S'il avait pu se débrouiller tout seul, il n'aurait pas éprouvé le besoin de vous déranger.

C'est pour cela qu'il est essentiel d'utiliser la technique du feed-back (page 46) toutes les fois que c'est possible. Par exemple, votre fille, élève de cinquième, vous téléphone, en larmes, de l'école.

« Maman, il m'arrive une chose affreuse. »

« Qu'est-ce que c'est ? »

« J'ai perdu mon agenda. »

« Écoute, ne t'en fais pas. Nous irons voir à l'école, au bureau des objets trouvés, pour essayer de le récupérer. Au pire, tu pourras toujours en acheter un autre. »

« Non, Maman ! Il y avait des autographes de tous les élèves de ma classe. C'est irremplaçable. Je l'ai perdu et je ne le retrouverai jamais ! » (Elle se remet à sangloter.)

Arrivée à ce point, ne dites pas : « Ne t'en fais pas. Je suis sûre que tu vas finir par le retrouver. » Au lieu de cela, renvoyez-lui ses sentiments :

« Cela te met dans tous tes états parce que tu crains de ne pas le retrouver. Tu tiens à tous les autographes des élèves de ta classe. »

Une telle réponse admet la réalité des sentiments de votre enfant et lui montre à quel point vous comprenez qu'elle est malheureuse. Ne vous contentez pas de lui répondre à un niveau rationnel. Répondez aussi au niveau affectif.

Ce que j'ai voulu vous montrer en décrivant ces différentes situations, c'est que vous vous trouvez confrontée à un emploi à plein temps. Si vous ne maîtrisez pas les appels téléphoniques de vos enfants avec bon sens, vous vous apercevrez qu'ils commenceront à vous harceler au bureau. Évidemment, vous ne pourrez prévoir combien d'appels urgents vous recevrez.

Voici une autre façon de faire face à la situation. Trouvez un lycéen ou un étudiant et faites-en votre « médiateur ». Vous ne connaissez peut-être pas ce terme. Le médiateur a un rôle officiel et doit pouvoir régler tous les conflits qui risquent de surgir. Vous pouvez donc en trouver un à l'échelon familial. Dites à vos enfants que c'est lui qui réglera tous les petits problèmes qu'ils risquent d'avoir, problèmes trop peu importants pour qu'ils appellent au téléphone. Je pense que vous pourriez même avoir deux médiateurs pour en avoir toujours un disponible pendant vos heures de travail.

Une dernière suggestion pour maîtriser ce problème des appels téléphoniques, qui risque d'être gênant. Chaque fois qu'une difficulté surgit et que votre enfant veut vous contacter à votre bureau pour la régler, faites-lui jouer cette situation en rentrant à la maison. Les conflits entre enfants sont probablement les plus difficiles à régler par téléphone, comme le montre la scène suivante :

« Maman, Linda regarde tout le temps la télévision et je ne peux pas regarder ce que je veux. »

« Tu mens ! Maman, elle ment ! Elle ne voulait même pas regarder la télévision avant que j'allume le poste. »

« Tu n'es qu'une menteuse. MENTEUSE ! »

« Si tu m'appelles encore une fois menteuse, gare à toi ! »

« Maman, elle m'a frappée. »

« Bon, écoutez-moi toutes les deux. Vous allez appeler Michel le médiateur. Vous avez son numéro tout à côté du téléphone. Il va vous aider à régler ce problème de télévision. Vous pourrez en discuter avec lui mais vous ferez ce qu'il décidera. »

Vous verrez qu'il vous sera très utile de consacrer un peu de temps à enseigner à votre médiateur deux techniques importantes : celles du feed-back et la technique de la solution collective à un problème. Vous trouverez un chapitre consacré à chacune de ces techniques dans *Aimer sans tout permettre.* Discutez-en avec votre médiateur et assurez-vous qu'il les a bien comprises. Faites un jeu de rôles avec lui. Ainsi, quand il aura des difficultés dans la famille, il sera capable de les régler.

Généralement, les conflits entre enfants sont assez difficiles à régler par téléphone. Quelqu'un doit pouvoir être immédiatement sur place pour calmer le jeu. Vous ne pourrez faire constamment l'aller et retour entre votre maison et votre bureau. C'est là que le médiateur peut vous remplacer pour apaiser les enfants et leur permettre de reprendre leurs jeux.

J'ai l'impression que beaucoup de parents seuls n'ont aucune stratégie d'ensemble pour faire face à ces crises téléphonées soit de la maison soit de l'école. C'est ce que j'ai essayé de vous présenter dans ce chapitre. Cette stratégie a pour but de vous aider à perdre le moins de temps possible en interruptions et à faire sentir à vos enfants que vous êtes là quand ils ont besoin d'aide mais que leurs demandes doivent se limiter au minimum.

Il nous faut aussi discuter dans ce chapitre des différentes situations qui nécessitent la coopération des parents divorcés. Par exemple : comment assister à une remise de diplômes. Si les parents divorcés sont assez raisonnables, rien n'empêche qu'ils puissent s'asseoir côte à côte avec leur enfant. S'ils ressentent une grande hostilité l'un pour l'autre, qu'ils l'évitent. Car s'ils sont ensemble, l'enfant ressentira sûrement la tension qui règne entre ses parents et cela gâchera son plaisir.

La même logique est à observer pour les réunions entre parents et professeurs. Si le père et la mère sont assez neutres, ils pourront y assister ensemble. Sinon, ils devront y aller séparément.

S'il faut discuter avec un enfant de son travail scolaire, le père et la mère, s'ils sont suffisamment raisonnables, pourront en parler avec lui. Dans le cas contraire, ils auront perdu leur temps.

Le père est nécessaire dans certaines situations mais, s'il est absent ou temporairement indisponible, c'est à la mère de le remplacer. Que faire si l'un des parents critique les méthodes éducatives de l'autre quand l'enfant est chez lui ? Répondez par le silence. Quand l'enfant est avec vous, c'est vous qui décidez de la meilleure façon de l'élever. Quand l'enfant est avec l'autre parent, c'est lui qui décidera mais vous ne devriez jamais, ni l'un ni l'autre, essayer de vous donner mutuellement des leçons.

Quand un des parents se remarie, est-ce que l'enfant doit assister au mariage ? Sans aucun doute. A moins qu'il ne le souhaite pas. Vous devez rester neutre. N'essayez pas de persuader l'enfant de ne pas y assister s'il le souhaite et inversement.

9.

LA GARDE DES ENFANTS ET LE DROIT DE VISITE

A mon avis, la garde conjointe est sans aucun doute la meilleure solution à la fois pour les enfants et pour les parents. J'ai apporté mon témoignage d'expert et j'ai été un de ceux qui ont aidé à créer la première garde conjointe dans le Colorado. Les deux enfants, âgés de six et huit ans, devaient passer quatre jours par semaine avec leur mère et trois jours avec leur père. Faire accepter par tous cette situation ne fut pas facile, mais une fois qu'ils eurent commencé, tout se passa très bien. Les enfants appréciaient beaucoup de voir l'un et l'autre de leurs parents. Et ceux-ci étaient ravis de voir régulièrement leurs enfants et d'avoir en plus du temps pour eux-mêmes.

La garde conjointe n'est possible que si les deux parents habitent assez près pour ne pas perturber la scolarité de l'enfant. Ce sera un échec si les parents manquent de maturité, s'ils sont hostiles et passent la moitié de la semaine qui leur échoit à dénigrer l'autre.

Par garde conjointe, j'entends une vraie garde conjointe, et l'enfant passe une partie de la semaine ou un mois ou six mois avec chacun (avec droit de visite pour l'autre des parents en cas de période prolongée).

Je ne parle pas des gardes qui n'ont de conjointes que le nom et où les enfants vivent en fait avec un seul des parents exclusivement. Dans ce cas, cela n'a plus aucune signification.

Le tribunal donne habituellement le droit de garde à la mère et le droit de visite au père. Cette situation n'est pas très satisfaisante psychologiquement, car les enfants verront leur père relativement peu. Si j'étais la mère, j'essayerais dans ce cas d'augmenter le droit de visite du père. Et cela pour deux raisons : premièrement, il est bon pour l'équilibre psychique des enfants de voir leur père aussi souvent que possible. Deuxièmement, cela me libérerait de la présence permanente et des exigences affectives des enfants. Si leur père était d'accord, je lui donnerais une soirée supplémentaire par semaine ou peut-être la nuit entière s'il habite près ou un week-end supplémentaire, régulièrement ou non. Au chapitre suivant, je donnerai d'autres conseils pour les visites aux pères qui n'ont pas le droit de garde.

Malheureusement, beaucoup de pères divorcés ne souhaitent pas voir leurs enfants si souvent. Ils les intéressaient modérément durant leur mariage, et ils éprouvent encore moins d'intérêt maintenant. Une étude sur les pères mariés dans un couple uni avec un enfant d'un an a révélé que les pères passaient en moyenne trente-sept secondes par jour avec l'enfant. Trente-sept secondes !

Que faire si vous avez affaire à un de ces pères ? Pas grand-chose, je le crains. Vous ne pourrez le forcer à voir les enfants s'il ne veut les voir que rarement ou pas du tout.

Si les enfants vous demandent pourquoi papa ne vient pas les voir plus souvent, posez-leur la question suivante : « Je me demande pourquoi il ne vous voit pas plus souvent. Pourquoi est-ce que vous ne lui posez pas cette question ? Dites-lui que vous voulez le voir davantage. »

Ne donnez jamais de fausses raisons. Cela renforce la faute. Non seulement voilà le père qui ne rend pas visite à ses enfants mais en outre la mère ment. Ne vous mettez pas dans cette situation. Ne dites pas de mal de votre ex-mari, mais vous n'avez pas à le couvrir en mentant. Montrez-vous discrète. Répondez sincèrement aux questions des enfants.

Que la garde soit conjointe ou seule, il vous faut éviter ce que j'appelle « jouer stupidement à la famille heureuse ». Je veux dire à la famille où les enfants, le père et la mère se réunissent pour Noël et Pâques comme s'ils étaient encore la famille unie de jadis. C'est aussi faux qu'un billet de trois cents francs et tout le monde est au courant. Tous savent parfaitement que la famille n'est plus intacte. Les enfants seront très tendus dans une situation aussi artificielle.

Bien sûr, papa veut célébrer ces fêtes avec les enfants. Mais chez lui et sans vous. A propos, vous pouvez parvenir à des arrangements en en discutant ensemble et sans avoir besoin de dépenser de l'argent chez votre avocat.

Nous avons parlé du père qui ne rend visite que rarement à ses enfants. Que dire du père qui les abandonne ? Il va disparaître tout de suite après le divorce, ou il leur rendra visite pendant quelque temps puis disparaîtra. Ou bien il va continuer à vivre à proximité et cesser tout simplement de les voir.

Tout cela peut être lié ou non au refus de payer la pension alimentaire. Nous savons qu'après la première année de divorce, quatre-vingts pour cent des pères divorcés cessent de payer la pension, ce qui est à mon avis un scandale. Nous aurons un jour un système assez efficace pour retrouver les pères qui omettent de payer. Malheureusement, ce n'est pas le cas actuellement.

Dites la vérité aux enfants et expliquez-leur pourquoi leur père ne leur rend pas visite ou qu'il ne paie pas la pension alimentaire ; c'est un bon exemple de différence entre la sincérité et le dénigrement. Vous devez leur dire pourquoi leur père ne vient pas les voir parce qu'ils vous le demandent et qu'ils veulent savoir. Mais ils ignorent sûrement ce qu'est une pension alimentaire et ils ne sauront pas qu'il omet de la payer sauf si vous le leur dites. Si vous êtes dans une situation financière précaire et que cette pension alimentaire est indispensable à l'entretien de la famille, vous pouvez leur expliquer alors pourquoi vous n'avez pas d'argent pour leur payer ce dont ils ont vraiment besoin. Même dans ce cas, donnez des explications sur un ton modéré plutôt qu'agressif. Les enfants doivent s'adapter aux faits, mais votre colère ou votre ressentiment ne ferait que rendre cette adaptation plus difficile.

Que dire maintenant du père qui doit partir très loin pour son travail mais vient voir ses enfants et paye régulièrement sa pension ? Vous pouvez aider à créer, de nombreuses façons, une relation lointaine mais forte entre le père et les enfants. Vous pouvez par exemple acheter un petit magnétophone et les aider à enregistrer des cassettes qu'ils lui enverront. Ou les aider à composer un petit journal (imprimé à la main ou fait avec des mots et des gravures découpés dans les journaux) avec des nouvelles de chacun des enfants.

Si vous leur laissez l'initiative de souhaiter l'anniversaire de leur père, ils l'oublieront sûrement. Il sera alors contrarié et cela entraînera la rupture de leurs relations, ce qui n'est bon pour personne. Rappelez donc à vos enfants l'anniversaire de leur père ainsi que la fête des Pères et Noël et aidez-les à choisir des cartes et des cadeaux et à les envoyer.

Rappelez-vous surtout : ce qui est bon pour les relations entre les enfants et leur père est bon pour les enfants. Et ce qui est bon pour eux est bon pour vous !

Peu importe que le père soit éloigné ; il y a des trains et des avions maintenant. Et si vous et leur père arrivez à organiser un voyage d'une ou deux semaines (ou même davantage) pour lui rendre visite pendant les vacances d'été, ce sera merveilleux pour tout le monde. Le père et ses enfants pourront se voir en chair et en os pendant une semaine ou plus et vous, vous aurez des vacances dans votre vie de parent. Et cela fera aussi du bien à tout le monde !

Nous arrivons maintenant à la situation la plus désagréable de toutes : celle du père qui harcèle son ex-femme. Plus d'une mère malheureuse a finalement subi l'épreuve du divorce puis s'est ressaisie et s'est mise à penser en elle-même : « Ç'a été affreux mais grâce à Dieu c'est terminé. » Le jour suivant un huissier se présente et lui signifie que son mari fait appel. Et elle comprend que ce n'est pas fini.

Dans notre système judiciaire, on peut intenter un procès à n'importe qui à propos de n'importe quoi. Et votre ex-mari peut vous attaquer sur tout ce qui lui plaît tant qu'il pourra payer les honoraires de l'avocat. Il vous faudra prendre vous aussi un avocat pour vous défendre et c'est onéreux. J'aimerais pouvoir vous donner quelques réponses magiques à ce terrible problème, mais je n'en ai pas. Je peux seulement vous dire de ne pas essayer d'être votre propre avocat. Vous n'avez pas de formation juridique et l'avocat de la partie adverse ne fera de vous qu'une bouchée. Si vous n'avez pas assez d'argent pour payer un avocat, demandez l'assistance judiciaire gratuite. Ou demandez au tribunal que le père paye les frais de procédure. Je connais des couples divorcés qui se sont fait procès sur procès pendant huit ou dix ans après le jugement de divorce — en créant un désordre émotionnel incroyable pour tous, y compris les enfants. Et cependant ils l'ont fait.

Il y a malheureusement des pères qui vous harcèleront en dehors du tribunal. Dans ce cas, il est parfois nécessaire d'affronter les difficultés et les dépenses pour faire prononcer des contraintes légales et ordres du tribunal de cesser ce genre d'actions.

Je souhaiterais qu'il y ait une solution simple, rapide et facile à ce problème. Si j'en connaissais une, j'écrirais tout de suite un livre, je toucherais des millions et je prendrais ma retraite !

J'ai pourtant un conseil important à vous donner : ne prenez jamais à la légère le fait d'être traînée devant les tribunaux par le père. Vous pouvez rire de ses accusations ridicules, mais le juge peut en décider autrement, surtout si votre ex-mari a assez de témoins prêts à affirmer la véracité des accusations portées contre vous. Votre expérience du divorce vous a peut-être appris qu'il y a beaucoup de mensonges au tribunal. Soyez donc prête à en affronter si votre ex-mari fait appel. Prenez au sérieux tout débat juridique et prenez un avocat — un bon avocat — pour vous défendre.

Un mot pour terminer sur le droit de visite : souvent un juge accorde au père « un droit de visite raisonnable ». C'est une décision très mauvaise du point de vue de la mère et du père car elle est vague et imprécise. Personne ne sait ce que représente « un droit de visite raisonnable ». Pouvez-vous imaginer qu'un juge accorde à une mère « une pension alimentaire raisonnable » ?

Le droit de visite devrait être énoncé aussi clairement que le montant de l'aide financière. Si le tribunal a spécifié que le père peut avoir les enfants le mardi pour dîner, le vendredi soir, tous les autres week-ends, une semaine à Noël, aux vacances de printemps et deux semaines en été, ils se verront souvent et régulièrement. Les enfants peuvent compter dessus et attendre ces visites avec impatience. C'est infiniment préférable à un « droit de visite raisonnable ». C'est la garantie que les enfants verront leur père même s'il vous arrive de lui en vouloir et d'être tentée de changer d'avis sur les dates. Cela vaut mieux pour vous, car c'est bon pour les enfants.

J'ai souvent souligné combien il était important de ne pas dire de mal de votre ex-mari à vos enfants. Mais quand ils lui rendent visite, que faire s'il vous critique ? Vous ne pouvez pas l'empêcher de dire ce qui lui plaît, mais vous pouvez être assez forte pour résister à la tentation de le dénigrer en retour. Même si quelques rosseries vous échappent de temps en temps, vous pouvez vous en excuser auprès des enfants. Vous pouvez leur dire : « Les enfants, j'étais contrariée et furieuse l'autre jour quand j'ai traité votre père de tous les noms. J'ai eu tort. Je me suis simplement mise en colère et j'ai dit des choses que je n'aurais pas dû dire. » Leur père ne s'excusera sûrement pas comme vous l'avez fait, mais vos excuses donneront à vos enfants une leçon de maturité qu'ils n'auraient pas si vous n'étiez pas leur mère.

Aussi forte que puisse être la tentation, je suis sûr que vous ne devez surtout pas essayer d'empêcher ou de gâcher les visites de votre ex-mari. Malheureusement c'est ce que font beaucoup de mères. Vous pouvez simplement refuser de recourir à une tactique aussi amère et aussi agressive. La mère qui s'interpose dans le droit de visite manifeste son hostilité au père. Mais elle blesse aussi profondément ses enfants car ils aiment leur père et ont besoin de le voir. Si vous ressentez le besoin d'exprimer votre hostilité à l'égard de votre ex-mari, faites-le autrement, mais pas en faisant du mal à vos enfants.

Il y a toujours des sentiments de colère et d'amertume dans un divorce. Mais on peut espérer qu'ils se calmeront peu à peu et que vous serez tous deux, même divorcés, capables de coopérer pour élever vos enfants.

10.

LE PÈRE QUI N'A PAS LA GARDE DE SES ENFANTS

Dans presque tous les cas, le jugement attribue la garde de l'enfant à la mère. C'est pourquoi je destine ce chapitre au père, à qui je propose aussi de revenir en arrière pour lire le chapitre 9 : « Garde des enfants et droit de visite », s'il ne l'a pas déjà fait.

On peut classer en deux catégories les pères qui n'ont pas la garde de leurs enfants. Ceux qui ne s'en soucient pas beaucoup : cela va de ceux qui se contentent de visites sporadiques à ceux qui les abandonnent complètement. A l'opposé, il existe des pères qui se préoccupent beaucoup de leurs enfants. S'ils habitent à proximité, ils leur rendent visite régulièrement. S'ils doivent s'éloigner pour des raisons professionnelles ou autres, ils s'arrangent pour rester en contact avec eux : ils leur enregistrent des cassettes, ils leur téléphonent, leur envoient des cartes postales et des petits cadeaux, passent avec eux plusieurs semaines de vacances. D'une manière ou d'une autre, ils gardent avec leurs enfants des liens étroits et affectueux.

Les mères devraient être reconnaissantes à ce type de père car l'amour paternel est un élément décisif dans l'élaboration de la personnalité de l'enfant.

Malheureusement, certaines mères ne s'en soucient guère. Elles éprouvent une telle haine contre le père qu'elles font tout ce qu'elles peuvent pour l'empêcher d'entretenir des liens affectifs avec ses enfants. Voici un exemple parmi tant d'autres :

C'est le cas d'un père de trente-huit ans. Pendant les cinq ans écoulés depuis son divorce, sa femme avait fait tout ce qu'elle avait pu pour s'opposer à son droit de visite. La dernière opération de commando avait eu lieu quand l'aîné des garçons, âgé de onze ans, avait voulu faire du scoutisme avec son père. La mère était allée voir le chef scout pour le persuader que son mari avait une mauvaise influence morale et qu'on ne devait pas le laisser participer aux sorties avec son fils. Sans même se donner la peine de vérifier ces accusations, le chef scout avait interdit aussitôt au père de participer aux sorties.

Furieux, le père n'avait plus d'autre ressource que d'attaquer la mère en justice, ce qu'il fit. Le juge décida que la mère n'avait pas le droit de s'opposer à cette activité.

Ce dernier me raconta que pendant les six années où il avait dû supporter les persécutions de son ex-femme, il lui avait fallu consulter six avocats et dépenser une fortune pour empêcher sa femme de saboter ses rapports avec ses enfants (ce que tous les pères ne peuvent se permettre). Mais il pensait que cela en valait la peine. Si vous êtes un père qui n'a pas la garde de ses enfants, il faut faire tout votre possible pour préserver le contact avec eux. Il vous faudra peut-être attendre qu'ils aient vingt ans pour qu'ils comprennent quel père vous êtes, en comparaison de l'image que leur mère a voulu leur donner de vous.

Souvent les mères ne perçoivent pas l'importance décisive du rôle du père. La meilleure étude que je connaisse sur le divorce (de Wallerstein et Kelley), montre clairement combien les enfants souhaitent garder un contact avec leur père pendant et après le divorce. C'est pourquoi une mère avisée s'efforcera, dans l'intérêt de l'enfant, de favoriser tant qu'elle pourra les rencontres avec le père.

Dans les familles unies, on trouve parfois des pères qui ignorent totalement à quel point ils connaissent peu leurs enfants. C'est souvent la mère qui intervient auprès d'eux et le père se contente de rester à l'écart. En tant que psychologue, je constate cela depuis des années quand je demande au père et à la mère quels problèmes ils perçoivent chez leurs enfants. Le père explique : « Je pense que c'est un enfant tout à fait normal qui est seulement un peu perturbé de temps en temps. » Puis c'est la mère qui me décrit en détail ses difficultés de comportement. On a l'impression que le père ne connaît de son fils que son aspect extérieur.

Les pères qui ne connaissent pas vraiment leurs enfants s'exposent à subir un choc à l'occasion des premières visites après le divorce. L'un d'eux m'a confié : « J'ai emmené dîner mon fils de quatre ans et après dix minutes je me suis aperçu que je ne savais même pas quoi lui dire. »

Beaucoup de pères divorcés auraient besoin de leçons. Le conseil suivant s'adresse à presque tous les pères : ne partez pas de l'idée que vous connaissez bien votre enfant car c'est sans doute une idée fausse. Considérez-le plutôt comme un extra-terrestre qu'il vous faut apprendre doucement à connaître. Alors vos visites deviendront une expérience passionnante : vous découvrirez votre enfant !

Si le père envisage les visites comme une corvée, je voudrais qu'il puisse voir ce qui se passe à la maison avant son arivée. Le gamin de cinq ans demande pour la dixième fois quelle heure il est, et va à la porte voir si son père arrive. Si ce dernier en était en conscient, sa visite deviendrait pour lui une aventure et une chance plutôt qu'une corvée.

En fait il existe beaucoup d'aventures qu'un jeune enfant sera ravi de partager avec son père et qui ne coûtent rien : visites d'ateliers d'artisans, de casernes de pompiers, etc.

Au début, quand vous n'avez pas encore l'expérience de ces visites, arrangez-vous pour qu'elles soient assez fréquentes, assez courtes et bien organisées. C'est une situation nouvelle pour l'un comme pour l'autre. Il sera donc plus facile pour commencer d'avoir une activité précise qui vous évite de trop parler. Allez passer deux heures au jardin public, ou au zoo ou au cinéma avant d'aller goûter. Quand vous serez tous les deux habitués à vous retrouver ensemble, vous pourrez envisager des visites plus longues et moins structurées, y compris des week-ends et des vacances.

Il est très important d'avoir un planning de visites très précis et de s'y tenir avec rigueur. Votre enfant a besoin de savoir avec précision quand il vous verra et doit pouvoir compter sur votre ponctualité. Si vous pouvez en plus faire quelques visites impromptues ce sera encore mieux.

Réfléchissez à l'avance à la façon dont vous et votre enfant allez occuper votre temps quand vous serez ensemble. Sinon, vous risquez de vous trouver à court d'idées au beau milieu de la visite. Et ne vous croyez pas obligé de faire constamment de l'animation. Il pourra très bien regarder la télévision pendant que vous lirez, comme s'il était à la maison.

Chez vous, faites votre possible pour que votre enfant

aussi se sente chez lui. Ce qui veut dire lui réserver une chambre, un coin précis d'une pièce, où il pourra retrouver ses jouets, ses vêtements, ses dessins. Qu'il retrouve toutes ses affaires dans son espace quand il vient.

Et maintenant, permettez-moi de vous faire trois recommandations : d'abord, n'en faites pas trop quand vous recevez votre enfant ou que vous lui offrez des cadeaux sous prétexte que vous vous sentez coupable ou parce que vous voulez en faire plus que sa mère. Ces deux attitudes sont psychologiquement mauvaises pour lui.

Ensuite évitez de présenter votre enfant à vos nouvelles compagnes, au moins au début. Il est en train de s'adapter à une nouvelle relation avec vous, et la présence d'une femme étrangère n'est pas souhaitable à ce moment-là.

Enfin, tant que vous serez sous le choc du divorce, même si votre enfant vous rappelle d'une manière pénible cet épisode malheureux de votre vie, forcez-vous à le voir car il a énormément besoin de vous, tout comme vous avez besoin de garder le contact avec lui. Dites-vous que votre chagrin est un élément nécessaire de votre travail de deuil. Si vous l'évitez, ce sera mauvais autant pour vous que pour lui.

Le bon côté de tout cela est que vous allez créer de nouveaux rapports. Et vous découvrirez peut-être, comme beaucoup de pères divorcés, que cette nouvelle relation est beaucoup plus étroite que l'autre. Car dans ce nouveau cadre, vous et votre enfant passerez ensemble beaucoup plus de moments privilégiés qui vous donneront beaucoup de bonheur à l'un et à l'autre.

Malheureusement, les pères, dans leur majorité, ont appris à réussir dans leur métier mais pas à s'occuper de leurs enfants. De ce fait ils consacrent toute leur énergie à leur réussite professionnelle. Cela me fait penser à une de mes anciennes patientes, jeune femme pleine de charme, qui m'a confié qu'à l'âge de seize ans elle ne voyait son père qu'à Noël et à Pâques, avec les trois autres enfants de la famille. Elle désirait vivement le voir davantage afin qu'il soit vraiment pour elle un père. Elle lui demandait sans cesse de l'emmener déjeuner au restaurant, mais cet appel restait sans réponse.

Elle finit par l'inviter elle-même et il accepta. Comme il lui fallait quarante minutes pour se rendre de son bureau jusque chez elle, elle avait réservé dans un restaurant près de son travail. Tout paraissait réglé pour le mieux. Mais le matin de la rencontre un coup de téléphone de la secrétaire avertissait la fille que son père ne pourrait finalement pas venir.

Pour la jeune femme, tout se brisa ce jour-là. Elle ne fit plus jamais aucun tentative pour rencontrer son père, et quelques années plus tard ils n'étaient plus que des étrangers l'un pour l'autre. Je pense qu'un jour le père se rendra compte de son erreur et qu'il tentera maladroitement de renouer des relations avec sa fille. Trop tard bien sûr, puisqu'il l'a déjà perdue depuis longtemps, le jour où il n'est pas venu à cette fameuse invitation à déjeuner qu'elle avait tant souhaitée.

Parlons maintenant de votre enfant et de vos amies. J'ai déjà dit qu'il était préférable de ne pas les lui présenter trop tôt. Rien ne saurait le troubler davantage que de voir se succéder différentes femmes dans votre vie et dans la sienne. Quand vous souhaiterez lui faire rencontrer votre amie, parlez-en d'abord avec elle. Elle a peut-être elle-même des enfants et une certaine expérience. Ou peut-être n'en a-t-elle pas et de ce fait les connaît très peu. Une mise au point est nécessaire dans les deux cas car il faut qu'elle soit prête à ce qui peut se passer. Votre enfant va être de toute façon jaloux, et cette jalousie ne s'atténuera que progressivement, à mesure qu'il l'appréciera comme amie et se rendra compte qu'elle n'est pas une menace pour lui. Si votre amie sait qu'elle doit d'abord être l'objet de cette jalousie, elle saura mieux la contrôler que si elle n'y est pas préparée.

Certaines personnes prétendent que la compagne d'un divorcé ne doit pas essayer d' « acheter » l'enfant en lui offrant un jouet et doit attendre qu'il l'aime vraiment pour elle-même. Je ne suis pas d'accord sur ce point. Si l'enfant n'a pas atteint l'âge scolaire, rien plus qu'un petit cadeau ne pourra donner un meilleur départ à cette nouvelle relation. Et si l'enfant demande d'un air méfiant « Pourquoi est-ce que tu m'as offert cela ? », elle pourra répondre : « Parce que je sais que tous les enfants aiment les jouets et que tu es un enfant. » Entre votre nouvelle amie et votre enfant, les contacts peuvent être difficiles si vous n'êtes pas vigilant. Vous espérez qu'il la considérera comme quelqu'un de gentil qui rendra ses séjours chez vous encore plus agréables. Mais il aura plutôt tendance à voir en elle celle qui le prive de vous, de votre attention et de votre temps. Comme me l'a dit un jeune garçon : « Il la voit toute la semaine... Pourquoi est-ce qu'il l'amène chez lui le jour de *ma* visite ? »

Quand votre amie et votre enfant sont ensemble chez vous, ayez la sagesse de réserver les gestes de tendresse et les baisers pour vos moments d'intimité. Un enfant de dix ans m'a confié : « Ils sont sans arrêt l'un contre l'autre, c'est dégoûtant ! »

Il faut donc les habituer à se retrouver ensemble

progressivement et en douceur. Si elle le submerge dès le début de baisers et de gestes affectueux, c'est aller trop vite et l'enfant sera tenté de la repousser.

Si cette femme est celle que vous avez l'intention d'épouser, soyez sûr qu'elle aime vos enfants et que vos enfants l'aiment. Dans le cas contraire, vous vous préparez bien des soucis dans votre couple. Car vous n'êtes pas le seul impliqué dans ce mariage. Vous constituez maintenant un groupe familial de plusieurs personnes, et votre future femme va épouser ce groupe. C'est là une des erreurs le plus souvent commises dans un remariage : chacun se comporte comme si son amour pour l'autre était la seule chose qui compte, sans se préoccuper de ce que ressentent les enfants. Or il faut absolument que ses enfants et les vôtres acceptent ce mariage, sinon vous courez à l'échec.

Jusqu'à présent, j'ai parlé seulement des pères divorcés qui habitent à proximité de leurs enfants. Mais qu'en est-il de ceux qui sont éloignés de cinq cents ou quatre mille kilomètres ? Que va pouvoir faire ce père, séparé de ses enfants par des distances considérables ?

Admettons tout d'abord cette réalité psychologique : supposons qu'il ait deux enfants en bas âge, vivant avec leur mère dans une ville, et qu'il travaille comme avocat dans une autre, il se sentirait presque aussi loin d'eux que s'il vivait au bout du monde. Un père qui vit à quatre mille kilomètres n'a donc pas plus de problèmes pour être « présent » auprès de ses enfants que s'il habite à deux cents kilomètres.

Que doit-il donc faire pour garder le contact avec ses enfants malgré la distance ?

Il peut déjà leur adresser toutes sortes de lettres. Il ne faut pas plus d'une minute pour envoyer une jolie carte postale. Les jeunes enfants sont toujours contents de recevoir ce genre de courrier, encore plus s'il est marqué : « Lettre de papa » avec un timbre en caoutchouc. Les enfants de tous âges aiment recevoir de la correspondance parce qu'ils en ont habituellement très peu, et ils apprécieront particulièrement une lettre de vous.

Le père pourra aussi se procurer un magnétophone à cassettes et s'adresser à eux en s'enregistrant. Les enfants pourront faire de même, surtout si la mère est d'accord pour les aider. A cet égard, son attitude est décisive. Si elle repousse cette idée, les enfants auront du mal à s'y intéresser. Mais si elle encourage ce genre de conversation, cette initiative se trouvera grandement favorisée.

Un des grands avantages de l'enregistrement sur cassette : les enfants pourront l'écouter autant de fois qu'ils voudront et leur père pourra en faire autant. Les caméscopes seront bientôt accessibles à tous. L'impact de l'image est encore plus grand que celui du son et les enfants, en plus d'entendre leur père, pourront le voir.

Mais rien de tout cela ne peut remplacer les vraies rencontres. Espérons donc que les enfants pourront aux vacances venir voir leur père pendant une semaine ou deux, ou que celui-ci pourra venir les voir. Les compagnies aériennes prennent en charge les enfants qui voyagent seuls et, pour les jeunes entre six et onze ans, prendre l'avion sera un grand événement. Si l'avion est trop cher et que le père n'est pas trop loin, d'autres solutions sont possibles comme les voyages accompagnés en train. Je pense que sur le plan psychologique il est préférable que les enfants viennent voir leur père plutôt que l'inverse. Mais compte tenu des moyens financiers de chacun, vous serez amené à trouver la meilleure solution. Si vous avez un voyage d'affaire près du lieu de séjour de vos enfants, arrangez vous pour aller les voir.

En tous cas une chose est sûre : toute visite et tout contact seront vivement appréciés. Peut-être ne vous le diront-ils pas ouvertement, parce que les enfants hésitent à le faire, mais c'est ce qu'ils penseront au plus profond d'eux-mêmes. Et pendant toutes ces années, entre votre divorce et l'époque où ils deviendront des adultes, vous établirez de solides liens affectifs qui feront toute la différence, quand vous n'aurez plus que des rapports d'amitié entre adultes et non de père à enfant.

Nombreux sont les enfants des familles « unies » qui ont des rapports très difficiles avec le père. Souvent dès qu'ils commencent à travailler et acquièrent leur indépendance financière, ils refusent tout contact avec lui. Mais avec vous il en sera tout autrement : vous serez le père divorcé qui malgré la distance est resté proche de ses enfants. Devenus adultes, ils vous aimeront et seront tout prêts à garder de contact avec vous grâce à la démarche positive que vous aurez eue pendant toutes ces années. De même, au cas où votre enfant aurait tendance à s'éloigner un peu de vous si vous vivez à proximité n'hésitez pas à agir comme le père qui habite loin : envoyez des cartes postales et des cassettes. Tout cela aura le même effet bénéfique et renforcera les liens affectifs.

Autre idée à mettre en pratique quel que soit l'endroit où vous résidez : pour leur anniversaire, envoyez-leur une lettre personnelle pour leur dire que vous les aimez et quelle place ils occupent dans votre vie. Félicitez-les pour tout ce qu'ils auront fait de bien. Cachetez la lettre et dites-leur de l'ouvrir après tous les autres cadeaux et quand ils seront seuls.

La situation devient très difficile quand votre ex-femme vous dénigre auprès de vos enfants, ce qu'elle a mille occasions de faire quand ils lui sont confiés. Dans ce cas, tous vos cadeaux, toutes vos lettres, tous vos gestes d'affection peuvent être rabaissés et déviés de leur intention par une mère qui vous est hostile.

Si tel est le cas, elle cherchera, entre autres choses, à saboter le programme des visites. Disons par exemple que vous devez venir chercher vos enfants pour le week-end. Vous vous présentez, prêt à passer deux bonnes journées avec eux. Mais les enfants ne sont pas chez leur mère, qui les a justement emmenés chez leurs grands-parents. Elle a « oublié » que c'était votre week-end ! Vous devrez donc faire cinquante kilomètres pour aller les chercher et autant pour les raccompagner. Vous êtes furieux et les enfants sont perturbés ; il faut maintenant choisir entre le pique-nique que vous aviez prévu et le film que vous aviez promis, parce que vous n'avez pas le temps de faire les deux.

Si votre femme se montre vraiment hostile et fait de l'opposition, votre seule ressource est de l'attaquer en justice, ce qui coûte cher. C'est une des raisons pour lesquelles je suis résolument en faveur de la garde alternée que j'ai mentionnée ci-dessus. Elle permet d'éviter ce genre de difficulté. Je prévois le jour où 90 % des divorces se concluront par un jugement de garde alternée tellement on peut y trouver d'avantages. Les enfants passent le maximum de temps avec leur père et leur mère et de ce fait ont moins le sentiment d'avoir perdu leur famille. Et les tracasseries entre époux s'en trouvent réduites du moment que les deux parties font preuve d'assez de maturité et n'essaient pas systématiquement de saboter le jugement.

Donc si vous avez la possibilité de pratiquer la garde

alternée je vous conseille de le faire. Si cela ne réussit pas, vous ne risquez rien à avoir essayé. Assurez-vous en tout cas que votre avocat et celui de votre ex-femme croient à ce genre de compromis. En effet, certains y sont opposés.

Je voudrais encore vous donner quelques conseils, pour le cas où votre ex-femme vous mènerait vraiment la vie difficile en ignorant les termes du jugement et en exerçant des représailles contre vous. Vous avez déjà essayé de lui montrer les avantages (pour *elle-même* aussi bien que pour les enfants) qui existent à vous les laisser aux jours prévus par le jugement, à ne pas ruiner vos efforts pour garder le contact avec eux, et à ne pas tenter de les dresser contre vous. Mais elle a tellement de rancune contre vous et contre la vie en général qu'elle saisit toutes les occasions de s'opposer à vous. Cela ne l'empêche pas de se plaindre auprès des voisins de ce que les baby-sitters lui coûtent cher et que les enfants l'épuisent.

Une femme comme celle-là fera tout ce qu'elle pourra pour se défouler en vous faisant souffrir, et il ne sera pas facile de l'en empêcher. Alors que faire ?

Votre première défense consistera à ne rien faire. N'essayez pas de vous venger : cela sera inutile. Elle ressemble à un enfant de deux ans en colère : on ne peut pas l'atteindre, et tout ce qu'on dit ne fait que l'exciter davantage. En restant silencieux, vous refusez la discussion. Si vous essayez de la raisonner, elle déformera vos propos et vous accusera d'avoir dit des paroles que vous n'avez pas prononcées.

Si elle vous dénigre auprès des enfants, que faire ? Encore une fois, *rien*. Vous ne pouvez pas l'en empêcher et il nous reste à espérer que votre silence finira par faire retomber sa colère.

Mais ses paroles venimeuses à votre égard ne vont-elles pas détruire l'idée que vos enfants ont de vous ? Pas nécessairement. Tout dépend de leur âge et de leur perspicacité à saisir le vrai à travers ses mensonges. Ils ne vont pas tarder non plus à sentir que votre attitude est différente de la sienne. Bien sûr, vous ne devez pas de votre côté dire du mal de votre femme. Si vous lui faites un procès, assurez-vous de la présence d'un témoin qui l'a vu enfreindre les décisions de justice et qui puisse attester votre bonne conduite. Emmenez cette personne avec vous quand vous allez chercher vos enfants, en particulier si votre ex-femme doit être présente. Quand vous serez devant le tribunal, parlez-lui seulement en présence d'un témoin.

Mais si au contraire ni vous ni votre femme ne pratiquez le harcèlement, si vous n'échangez pas de mauvais coups, si vous ne vous traînez pas dans la boue, bravo ! Vous avez déjà fait bien plus de progrès que la plupart des couples divorcés. Car dans ce cas ni l'un ni l'autre n'essaie de s'interposer pour critiquer l'éducation des enfants, et chacun reste libre de faire ce qu'il juge le meilleur pour eux.

Après quelques mois de cette situation favorable (et trop rare), vous pourrez décider tous les deux de coopérer, et par exemple d'assister ensemble à une réunion parents-professeurs (en dehors de la présence de l'enfant). Si ce genre d'initiative aboutit à un résultat positif, alors vous tiendrez vraiment la promesse que vous avez faite à vos enfants : « Nous vous aimons tous les deux et nous vous aimerons toujours, même si nous sommes aujourd'hui obligés de divorcer. » En effet, dans la plupart des familles de divorcés, l'enfant sera tenté de penser que maman l'aime mieux que papa parce que c'est elle qui assiste aux réunions parents-professeurs et qui prépare les costumes du Mardi-Gras et fait les galettes de Chandeleur.

Un père privé de la garde de ses enfants connaît une situation souvent difficile. Les jours fixés pour les visites peuvent vous gêner dans vos plans. La mère peut essayer de vous nuire à travers vos enfants. Les projets que vous faites à leur sujet risquent d'échapper à votre contrôle. Mais tout ce que vous accomplissez pour sauvegarder et améliorer votre relation avec eux vous rend plus riche. Il ne s'agit pas là d'une richesse que l'argent procure, mais d'un bien que vous partagerez avec vos enfants.

11.

LES GRANDS-PARENTS : UNE AIDE NOUVELLE POUR LE FOYER MONOPARENTAL

Le rôle des grands-parents va se révéler d'une grande importance pour vous dans votre vie de parent seul. Ils pourront se manifester de manière positive ou négative, et cela dépendra en grande partie de la façon dont vous gérerez la situation.

Commençons par l'aspect positif : si des deux côtés les grands-parents sont comme dans la plupart des cas des gens de caractère facile et souple, pleins de bonne volonté, alors vous n'aurez aucune difficulté à trouver un moyen pour qu'ils vous apportent une aide positive pour élever vos enfants. Tout d'abord, vous devrez sans doute les faire garder pendant que vous travaillez. Les grands-parents s'acquitteront certainement mieux de cette tâche qu'une personne rémunérée, avec en outre tout leur amour. Cette solution peut aussi vous aider financièrement. Si vous devez y avoir recours, il sera utile de leur faire lire et de lire vous-même mon ouvrage : *Être grands-parents aujourd'hui* *. Tout ce qui

* Collection « Réponses », Robert Laffont, et *Grands-parents, petits-enfants : le lien vital,* de A. Kornhalier (coll. « Réponses », R. Laffont).

peut aider les grands-parents à être meilleurs et plus efficaces vous sera également profitable ainsi qu'à vos enfants.

Et n'allez pas croire qu'en parlant de faire garder vos enfants par les grands-parents, je songe exclusivement aux grand-mères. Il n'y a aucune raison pour qu'un grand-père ne puisse pas assurer à temps partiel ou à plein temps la garde d'un enfant. Beaucoup de grands-pères peuvent le faire aussi bien, et quelquefois mieux que les grand-mères. Donc n'hésitez pas à inscrire les deux grands-pères sur votre liste de gardes possibles pour votre enfant.

Les grands-parents vous rendront sans doute ce service gratuitement, mais il se peut qu'ils aient besoin d'être rétribués, moins cher cependant qu'une personne employée à cette tâche. Dans tous les cas, je vous conseille vivement de leur faire un cadeau de temps en temps pour leur témoigner votre gratitude.

Que les grands-parents interviennent à plein temps ou à temps partiel, des désaccords peuvent surgir sur la façon de procéder avec vos enfants. Rappelez-vous que certaines théories éducatives modernes sont peut-être des nouveautés pour les grands-parents. Dans ce cas, laissez toujours le grand-père ou la grand-mère exprimer d'abord son point de vue sur la question avant de donner votre avis ou celui de votre pédiatre.

Et si vous voyez que vous ne réussirez pas à changer leurs idées sur un sujet particulier, mieux vaut leur céder. Ainsi, quand ma femme et moi confiions notre jeune fils aux grands-parents pour le week-end, sa grand-mère avait l'habitude de s'étendre auprès de lui pour l'endormir. Nous lui avons demandé de ne pas le faire parce que cela le rendait plus difficile à endormir quand il revenait à la maison. Bien qu'elle ait finalement accepté de le faire, elle persistait à « oublier » et se couchait avec lui. Nous avons décidé de ne plus lui en parler, pensant que c'était simplement le prix à payer pour ce baby-sitting bénévole du week-end.

J'ai parlé du grand-père ou de la grand-mère qui garde vos enfants une partie de la journée, et dans le même ordre d'idées, il convient de parler du baby-sitting des grands-parents. Certains adorent cela, d'autres pas. Assurez-vous qu'ils le feront volontiers, sinon adressez-vous à quelqu'un d'autre. Si cela leur déplaît, leur mécontentement ne pourra que nuire à l'enfant. Arrangez-vous pour vous retrouver de temps en temps ensemble, vous, votre enfant et les grands-parents, car sinon ces derniers pourraient penser que vous avez besoin d'eux uniquement pour garder les enfants.

A mon avis, il est très regrettable qu'aujourd'hui on ne fasse pas assez souvent appel aux talents et aux capacités des grands-parents pour s'occuper des enfants. Les parents ne peuvent tout enseigner aux enfants. Et les grands-parents peuvent souvent leur transmettre des connaissances ou des savoir-faire que les parents n'ont ni les capacités ni le temps de leur apprendre. Ainsi, je ne vais jamais à la pêche, je suis un très mauvais bricoleur, et je n'ai aucune aptitude pour tout ce qui est mécanique. C'est donc avec leur grand-père maternel que mes enfants ont appris tout cela. Il a été enchanté de leur apprendre à pêcher, à bricoler, et à faire toutes sortes de choses chez lui dans son atelier. Le résultat est que mon fils Rusty, qui a vingt et un ans, est maintenant le spécialiste de la famille pour réparer tous les appareils mécaniques de la maison.

Il y a toutes chances, j'en suis sûr, qu'il existe chez les grands-parents des ressources inexploitées. Ils peuvent probablement apporter à la famille des richesses qu'ils n'avaient pas quand vous-même étiez enfant, plus de maturité dans leurs jugements, plus de loisirs et une vision plus souple des problèmes.

Les grands-parents ont à leur disposition un moyen supplémentaire de vous aider. Ils peuvent donner aux enfants le sens de leurs racines. Les jeunes aiment savoir d'où ils sont issus. Ils vous demandent de leur raconter « comment c'était » dans votre enfance. Ils aiment se sentir les maillons d'une chaîne familiale solide et continue qui remonte loin dans le temps. Et c'est là que les grands-parents peuvent apporter leur contribution à la conscience familiale. Qui mieux qu'eux saurait communiquer ce sentiment de l'histoire vivante et l'entretenir? Demandez à vos enfants de questionner leurs grands-parents sur ce qu'était leur vie quand ils étaient jeunes, et ce qui leur est arrivé pendant leur enfance. En mettant leur histoire vécue à la disposition des enfants, les grands-parents approfondissent leurs rapports avec eux et renforcent leurs racines.

Voyons maintenant ce qui se passe dans l'éventualité de relations négatives avec les grands-parents.

Si vous êtes parent seule par suite du décès de votre conjoint, il n'y aura probablement aucune réaction négative de leur part. Par contre un divorce peut avoir un effet toxique sur la suite de vos relations.

D'une part, les grands-parents, d'un côté comme de l'autre, peuvent être violemment opposés au divorce, pour la seule raison que c'est contre leurs principes : « Personne n'a jamais divorcé dans la famille avant toi ! » Ou bien, ils désapprouvent tout autant les raisons du divorce. Ils peuvent penser que votre conjoint a eu tort de divorcer, ou bien que c'est surtout de votre faute. Dans tous les cas, ils ne seront sans doute pas neutres dans cette affaire, et leur attitude va certainement affecter leurs relations avec vous et vos enfants.

Tiré de mes dossiers, voici un exemple de situation particulièrement pénible entre parents et grands-parents à propos d'un divorce. L'affaire était très compliquée. Le père avait une liaison avec une collègue. Quand la mère après un an a finalement découvert la situation, elle a mis son mari à la porte. Il n'était pas très épris de l'autre femme et ne voulait pas que son couple soit brisé. Il est venu me voir pour tenter de sauver la situation et a finalement réussi à persuader sa femme de me rencontrer aussi.

Les grands-parents maternels étaient fous de rage. Ils ont dit à leur fille qu'elle avait de la chance d'être débarrassée d'un pareil individu et qu'elle était stupide de penser seulement à se réconcilier avec lui. Le grand-père a téléphoné à son gendre pour lui dire entre autres que s'il avait eu vingt ans de moins, il lui aurait donné une correction pour ce qu'il avait fait à sa fille.

Mais après un an de consultations chez moi, pendant lequel le couple est resté séparé, ils ont fini par reprendre la vie commune. Ils avaient dû affronter de graves chocs émotionnels, éprouver des sentiments de haine, de culpabilité et de peine, mais étaient parvenus à les exprimer et à les surmonter. Au terme de tout cela, j'avais l'impression que, pour la première fois, ce couple démarrait sur des bases solides.

Malheureusement, les grands-parents avaient tellement fait pour les séparer que les relations étaient devenues glaciales avec le couple qui les empêchait de voir leurs petits-enfants. J'ai finalement réussi à les aider les uns et les autres à renouer des relations normales. Mais c'est bien le genre de situation qui peut rendre très tendus les rapports entre parents et grands-parents. Si vous constatez que votre divorce a déclenché ce genre de conflit entre les grands-parents — d'un côté ou de l'autre — et vous, je vous conseille vivement de ne pas essayer de résoudre le problème vous-même. Faites appel à un psychologue professionnel.

Bien sûr, il s'agit là d'un cas extrême. Mais dans toute situation de divorce, les grands-parents ont tendance à prendre parti pour l'un ou pour l'autre. Et s'il en est ainsi, c'est mauvais pour vous et pour vos enfants. Il faut donc essayer d'aider les grands-parents à se maintenir dans une attitude aussi neutre que possible.

Autre source possible de difficultés que vous pouvez avoir à résoudre, particulièrement si l'un des grands-parents assure la garde de l'enfant à plein temps ou à temps partiel : un désaccord sérieux sur les méthodes d'éducation. Si les grands-parents sont d'un caractère souple et facile, vous pourrez leur expliquer les différences entre vos méthodes et les leurs. S'ils se montrent plus rigides, et veulent appliquer strictement leurs principes, les explications seront très difficiles. Dans ce cas, proposez d'en discuter avec un psychologue et de lui demander conseil ensemble. Si la grand-mère ou le grand-père ne sont pas d'accord, abandonnez cette solution. Et si vous pensez que leurs méthodes sont vraiment mauvaises (ce qui est très rare), alors en dernier ressort faites-leur savoir que vous ne souhaitez plus qu'ils s'occupent de l'enfant.

Dans le but d'aider le mieux possible les grands-parents dans leur rôle éventuel de gardes ou d'éducateurs, je vous suggère de vous informer sur la manière de leur appliquer le système de la « récompense positive ». Vous trouverez toutes les explications sur ce sujet dans *Aimer sans tout permettre* au chapitre « Le système de récompense positive ». Chaque fois que le grand-père ou la grand-mère prend une initiative heureuse auprès de votre enfant, ne manquez pas de l'en complimenter ou de l'en remercier.

En plus des divergences sur la manière d'élever les enfants, de graves conflits avec les grands-parents peuvent surgir à propos de votre style de vie et de vos habitudes. Il y a toutes les chances pour qu'ils vous imposent, s'ils en avaient la possibilité, un style de vie beaucoup plus traditionnel ; mais tout de même, de manière inattendue et en particulier si les grands-parents sont divorcés, vous trouverez peut-être que leur style de vie est plus fantaisiste que le vôtre. Qu'en penser ? Tout ce que je peux vous en dire, c'est que quel que soit leur style de vie, c'est leur affaire et vous n'y changerez rien. N'essayez donc pas de le faire. Le seul point sur lequel vous devez fixer une limite, c'est de ne pas les laisser *vous* dicter votre style de vie. Cette fois, c'est votre affaire et c'est vous seul qui la menez comme vous l'entendez.

J'écris ce chapitre en supposant que les grands-parents des deux côtés vivent relativement près de vous. Mais ce n'est peut-être pas le cas. S'ils habitent à des centaines de kilomètres, ils peuvent ou bien avoir tout de même une influence positive sur vos enfants ou bien ne pas compter pour eux. Vous pouvez les orienter vers cette influence en leur proposant des façons de garder des rapports positifs avec vos enfants, par exemple en leur envoyant des cartes postales et des cassettes enregistrées, en les faisant venir chez vous ou en envoyant les enfants chez eux. Vous trouverez encore de nombreuses idées à l'usage des grands-parents qui habitent loin au chapitre 12 de *Être grands-parents aujourd'hui,* chapitre intitulé : « Les grands-parents éloignés ».

Il est très important de consacrer beaucoup de temps et d'efforts à mettre en contact les grands-parents des deux côtés. Ils seront, suivant le cas, un atout pour votre foyer monoparental ou une cause de discorde. Aidez-les à mettre en pratique leur potentiel affectif et à devenir des acteurs positifs auprès de vos enfants.

LES DIFFÉRENTES ÉTAPES DU DÉVELOPPEMENT DE L'ENFANT

12.

LA PREMIÈRE ENFANCE

Dans les sept chapitres qui suivent, je vais décrire les sept stades du développement psychologique que franchissent tous les enfants de la petite enfance à l'adolescence. Je vais aussi parler de ce qui se produit généralement si un divorce ou la perte d'un des parents a lieu à l'une de ces étapes. Il est décisif pour les parents d'en être informés. D'abord, il vous faut savoir ce qu'est votre enfant à chaque étape du développement. Sinon, vous tâtonnerez sur la façon de vous en occuper. Par exemple, quand il atteint la deuxième année et entre dans ce que j'appelle la première adolescence (de deux ans à trois ans approximativement), il va être un enfant complètement différent de ce qu'il était entre un et deux ans. Il devient généralement rebelle, coléreux et difficile à diriger. Si vous ignorez qu'il s'agit d'une étape et que cela dure un an environ, vous risquez d'en arriver à la conclusion que votre enfant va être difficile et rebelle pendant toute son enfance. Ce qui est faux.

Deuxièmement, le divorce ou la perte d'un parent créent une tension très grande et vous avez besoin de savoir comment l'enfant type de chaque période réagira à cette tension. Sinon, vous ne saurez pas comment aider le vôtre à franchir cette étape.

Il est important de faire ici une mise au point : il ne faut pas prendre comme des règles rigides la description des différents stades du développement de l'enfant, ni les effets sur lui du divorce ou de la disparition d'un des parents à chacun de ces stades. Ce ne sont que des schémas destinés à vous guider à travers chaque étape.

Les caractères biologiques d'un enfant ont un effet considérable sur son comportement à chacune de ces étapes. Ainsi ma fille Robin a été douce comme un ange pendant la première adolescence, tandis que mon fils aîné Randy était comme un lion furieux à la même période. Donc la description type de chaque étape ne peut être qu'un guide approximatif. De la même façon, quand je décris l'impact psychologique du divorce et de la perte d'un des parents à chacun de ces stades, n'oubliez pas que les enfants ont chacun une manière très différente de supporter l'épreuve.

Je me rappelle aussi que lorsque Randy avait quatre ans et vivait « l'idylle familiale » typique du stade préscolaire, un après-midi où je rentrais plus tôt que d'habitude, il s'écria : « Va-t'en, je veux maman », et me claqua la porte au nez. Étant au courant de ce phénomène d'idylle familiale, sa véhémence me fit sourire. Mais si je n'avais pas su ce qu'il traversait, et si de plus j'avais été divorcé, j'aurais pu penser : « Randy ne m'aime plus. Il a choisi son camp, sa mère a gagné. » Grâce à ma connaissance de l'idylle familiale, je me suis gardé de cette conclusion hâtive.

De plus, en décrivant ces étapes et l'effet du divorce ou de la mort d'un des parents, je ne parle que d'un enfant à la fois. Mais dans la plupart des familles, il y a plusieurs enfants, et il faut donc tenir compte de l'influence qu'ils peuvent avoir l'un sur l'autre alors même que leur développement est différent. C'est donc avec beaucoup de précautions que je parlerai de cette étape de la première enfance.

Au cours de chaque étape, l'enfant doit mener à bien une tâche particulière de son développement afin d'accéder avec succès au stade suivant. Il gravit l'échelle psychologique de l'enfance en passant d'un travail de développement à l'autre.

Commençons tout d'abord par la petite enfance, de la naissance aux premiers pas, c'est-à-dire à peu près la première année.

Le travail de développement que l'enfant accomplit pendant la première enfance consiste à acquérir une vision de base sur le monde. Ce sera un sentiment de confiance profonde et d'optimisme dans la vie, ou bien une méfiance et un pessimisme fondamentaux ou encore un sentiment intermédiaire. Il se créera une vision heureuse et optimiste de la vie si ses besoins essentiels sont satisfaits. Voici ce dont il a besoin :

1) Être nourri quand il a faim.

2) Recevoir des caresses et des preuves physiques d'amour.

3) Éprouver une relation affective profonde et gratifiante avec la mère et le père.

4) Recevoir une stimulation sensorielle et mentale pour favoriser l'éveil de son intelligence *.

Si ses besoins sont satisfaits, il éprouvera certainement un solide sentiment de confiance dans le monde qui constituera une bonne base pour les stades successifs de son développement psychologique.

---

* Julien Cohen-Solal, *Comprendre et soigner son enfant,* collection « Réponses », Robert Laffont, 2e éd., 1993.

Un enfant ne subit qu'indirectement l'impact du divorce. Il n'est en somme qu'un bébé. Mais indirectement, la perte peut être considérable. Par exemple, il risque de perdre le soutien matériel et affectif que le père et la mère apportent habituellement. Dans les cas extrêmes, l'un des parents ou même les deux seront dans l'incapacité de s'occuper de l'enfant et devront être hospitalisés, ou au moins seront tellement affectés par la situation qu'ils devront faire appel pendant un certain temps à un parent de remplacement : une personne de la famille ou une nourrice.

Dans presque tous les cas la qualité des soins à donner aux enfants est altérée quand les parents sont soumis à la tension d'un divorce. Alors le bébé ne bénéficiera pas de l'atmosphère nécessaire à l'acquisition d'une bonne confiance dans la vie.

De toute évidence, de nombreux facteurs imprévus peuvent intervenir dans le schéma. Par exemple, le degré de réaction des parents à l'épreuve du divorce. Ou encore, si l'on fait appel à un parent de remplacement, saura-t-il entourer le bébé d'assez de chaleur et d'affection ? Tous ces facteurs peuvent engendrer de grandes différences d'un cas à l'autre.

Mais une chose paraît certaine. Si les parents sont soumis à l'épreuve du divorce, il y a peu de chances qu'ils soient capables de soigner leur enfant comme auparavant, ce qui pour le bébé se traduira par un manque.

Les effets du décès d'un des parents sont différents. La mort, en plus d'affecter les soins à donner à l'enfant, anéantit complètement l'existence du père ou de la mère. (Le départ d'un des parents entraîne naturellement la même conséquence.) C'est une situation qu'on ne peut expliquer à un tout-petit, qui ressent une absence horrible et angoissante sans la comprendre. Situation aggravée quand c'est la mère qui disparaît, parce qu'elle est habituellement celle qui donne ses soins à l'enfant. Mais le décès du père entraîne aussi un traumatisme.

Que peut faire le parent qui reste seul dans de telles conditions ? Vous vous trouvez alors dans une impasse : d'un côté, votre bébé a besoin de soins attentifs, d'autant plus difficiles à donner que vous avez vous-même besoin d'être aidé. La meilleure solution consiste à trouver un psychologue qui vous conseillera et vous apportera les soins et le soutien moral nécessaires. C'est coûteux, mais rentable quand vous êtes dans une situation aussi critique. Si vous vivez dans une assez grande ville, vous trouverez une solution adaptée à vos moyens. Ou bien essayez de trouver un prêtre, un pasteur ou un rabbin habitués à conseiller les gens et qui vous aideront en se mettant à l'écoute de vos difficultés. Il peut s'agir aussi d'un ami qui saura discuter de vos problèmes. Mais dans tous les cas, vous devez rechercher une aide affective afin de donner à votre bébé le soutien dont il a besoin.

Tout cela se résume ainsi : trouvez pour vous-même l'aide et le soutien affectif qui vous permettront d'être aussi efficace auprès de votre bébé qu'avant le décès ou le divorce.

13.

L'ÂGE DES PREMIERS PAS

C'est au moment où votre bébé commence à ramper puis à marcher qu'il entre dans la période des premiers pas, période qui dure approximativement des débuts de la marche jusqu'au second anniversaire. Cette période varie suivant les enfants : certains commencent à huit ou neuf mois, d'autres vers quinze ou seize mois.

C'est un énorme pas en avant, au propre et au figuré, par rapport à la petite enfance. L'enfant avait alors une attitude passive vis-à-vis de ce qui l'entourait. Il sait marcher maintenant et son attitude devient active. Voilà notre Jeune Explorateur. Il examine tout ce qu'il peut voir ou atteindre ou contre quoi il peut se frotter ou ce qu'il peut porter à sa bouche ou toucher *.

En fait, l'étape du développement qui lui incombe maintenant est de créer sa confiance en soi en explorant et en découvrant le monde. Bébé, il devait établir une confiance fondamentale vis-à-vis du monde qui l'entourait. C'était un apprentissage passif car le tout petit dépend des autres pour satisfaire son besoin de manger,

---

* Louise Kaplan, *Symbiose et séparation,* collection « Réponses », Robert Laffont, 1980.

d'être câliné, baigné et changé. L'enfant qui commence à marcher apprend activement car il peut explorer son propre monde.

Pour apprendre à construire sa confiance en soi, il ne lui faut que la liberté d'explorer son univers en toute sécurité. S'il est entouré dans cet effort de milliers d'interdits, il apprendra à douter de lui au lieu d'être confiant. Il lui faut un univers bien à lui au moins dans une partie de la maison et du jardin, à l'abri des risques d'accident et plein d'objets pour jouer et grimper (y compris des « jouets » tels que des pots et des casseroles et d'autres objets incassables de taille moyenne ou grande). Alors son exploration et son apprentissage se feront sans heurts et il prendra confiance en lui.

Dans un environnement aussi libre, il en arrivera à penser : « Je sais faire beaucoup de choses. Je sais marcher à quatre pattes, marcher debout, courir, sauter et grimper. Je peux tirer des choses, les soulever, taper dessus. Je sais jouer avec du sable et de l'eau. Je sais empiler des cubes. Je peux jouer avec des voitures, des camions et des avions. Je sais jouer avec les mots et les sons et j'apprends à aimer les chansons et les histoires. » Son aptitude à parler se développera si vous encouragez les « conversations » avec vous en le laissant explorer les mots et les sons.

Pendant cette période, votre enfant va acquérir une somme énorme de connaissances. La curiosité est sa motivation essentielle derrière tout apprentissage. Et il apprend à l'exprimer librement. Il explore inlassablement son monde, en examinant avec soin tout ce qu'il peut attraper. Il apprend à connaître et à perfectionner le fonctionnement de ses grands et de ses petits muscles. Son imagination se développe de façon incroyable. Sa maîtrise de la parole fait un énorme bond en avant. Et c'est dans toutes ces activités qu'il apprend à être sûr de lui au lieu de douter de lui.

Des parents qui divorcent risquent d'agir d'une façon particulièrement troublante pour l'enfant. Le père et la mère peuvent en venir à s'insulter verbalement ou même à se frapper. Le petit enfant peut assister à des scènes terribles entre ses parents. Sa mère peut souvent être en larmes. Et même si les parents se contrôlent, l'enfant perçoit un sentiment de haine réciproque. Dans le cas de la mort ou du divorce, le jeune enfant découvre très vite que sa mère est moins disponible physiquement. Il ne lui échappe pas qu'il se produit quelque chose d'effrayant, même s'il n'arrive pas à le conceptualiser. Mais il est parfaitement conscient que ses parents ne s'occupent plus autant de lui.

Comment va-t-il réagir à tout cela ? Il n'y a pas de de sentiments types vécus par tous les enfants du même âge. A ce stade ses réactions sont très primitives et indifférenciées par rapport à un âge ultérieur. Mais elles existent pourtant.

Même si l'enfant n'arrive pas à comprendre clairement ce qui se passe dans sa famille, il a peur et cela le bouleverse. Il avait considéré comme acquis un monde dans lequel il avait un père et une mère (et peut-être un frère et une sœur) qui agissaient d'une certaine façon. Ils étaient surtout PRÉSENTS. Maintenant, tout est changé. Papa n'est plus là. Le jeune enfant aura des difficultés à imaginer où « se trouve » son père absent. Pour vous montrer à quel point la perception d'un enfant est primitive à cet âge-là, permettez-moi de vous citer une anecdote sur ma propre famille. Il s'agit de mon plus jeune fils Rusty quand il avait environ deux ans. J'avais été invité à participer à une émission de télévision. Rusty connaissait l'émission et l'avait regardée plusieurs fois. Au dîner, je lui dis sans y prêter attention : « Rusty, papa va passer à la TV demain. » Je vis son visage se remplir de crainte. « Qu'est-ce qu'il y a, Rusty ? » lui demandai-je. « Tu seras à la TV demain ? » demanda-t-il. « Oui. » « Alors tu ne vas plus être chez nous ? Tu vas rester à la TV ? » Je compris tout à coup ce qu'il voulait dire. Il croyait que les gens de la TV restaient quelque part à la TV au lieu d'être chez eux, et il ne voulait pas que ça m'arrive. Cela lui faisait peur, et je fis de mon mieux pour lui expliquer ce qu'il en était. Vous voyez à quel point la vision du monde d'un enfant de cet âge est primitive et combien ses sentiments peuvent être intenses.

Le jeune enfant dont le père est absent s'inquiète de savoir qui prendra soin de lui. Cette crainte est fondamentale et physique — « Qui va me donner à manger ? Qui va me protéger ? Si papa et maman ne s'aiment plus, ils ne m'aimeront peut-être plus. Si mon papa s'en va, ma maman va peut-être partir aussi ». La peur de perdre sa mère sera la même, que l'absence du père soit le fait du divorce ou de la mort.

Jusqu'au moment de la séparation, l'enfant vivait dans un monde bien organisé. La loyauté réciproque et envers lui du père et de la mère était aussi évidente que le grand arbre du jardin — maintenant, tout a changé. Même s'il peut à peine le conceptualiser, il a peur d'être abandonné.

En perdant ses parents unis, il va ressentir une immense tristesse. Il est triste de perdre son père même s'il le voyait rarement ou qu'il s'intéressait peu à lui. En cas de divorce, l'enfant va s'imaginer que ses parents vont se réconcilier et qu'il pourra de nouveau vivre dans une famille heureuse. Mais bien sûr il n'est guère apte à exprimer ce vœu ou ce fantasme verbalement.

Il se sent à la fois rejeté par son père et sa mère, mais de façon différente. Il se sent abandonné par son père puisqu'il a quitté la maison. Même s'il s'agit seulement d'un divorce et qu'il le voit seulement au moment des visites, il n'a aucune certitude de jamais le revoir. Si ses visites sont sporadiques et irrégulières, l'enfant aura tendance à être conforté dans sa crainte. Si son père est mort l'enfant aura beaucoup de mal à comprendre et il continuera à penser qu'il le reverra sans doute.

Le sentiment d'être rejeté par sa mère qui est toujours là est de nature différente. Il sait qu'elle ne s'occupe plus autant de lui qu'auparavant. Bien sûr, il est incapable de raisonner et de se dire que c'est le divorce ou la mort et ses propres soucis qui l'empêchent de s'occuper de lui comme avant. Il pense que c'est parce qu'elle ne l'aime plus autant et il se sent abandonné.

C'est pour cela qu'il se sent très seul — Son père lui manque et cette absence peut être très pénible. Même si son père ne s'occupait pas de lui, le jeune enfant va créer un père imaginaire qui lui consacre beaucoup de temps, l'emmène au zoo et fait des tas de choses intéressantes avec lui. Si sa mère restait avant à la maison et qu'elle se trouve maintenant dans l'obligation de travailler, il se sent aussi rejeté par elle. Il s'aperçoit que des étrangères (ou peut-être sa grand-mère) s'occupent maintenant de lui et il s'ennuie de sa mère. Il lui semble que son père et sa mère disparaissent, de façons différentes, de sa vie. Et il ne sait que faire.

Peu d'adultes sont à même d'évaluer l'impact terrible du départ du père sur un jeune enfant. Comme mon fils Rusty qui croyait que j'allais rester quelque part dans le poste de télévision, l'enfant a beaucoup de difficultés à situer son père dans l'espace. C'est pour cela qu'une visite au nouveau foyer du père, pour y coucher tout particulièrement, est tout à fait importante pour qu'il puisse imaginer où se trouve son père.

Son père divorcé absent, l'enfant s'inquiète de lui : « Où habite papa ? Qu'est-ce qu'il fait ? Quand est-ce qu'il va chercher à manger ? Qui est-ce qui va s'occuper de lui quand il est malade ? » Ce ne sont pas encore les soucis clairement exprimés par un enfant plus âgé. A cet âge l'enfant a des soucis vagues et confus.

Le petit enfant se fait aussi du souci pour sa mère. Puisqu'il ne reste qu'elle, il se demande si quelque chose va lui arriver à elle aussi. « Qu'est-ce que je vais faire si maman est malade ? Qui est-ce qui va s'occuper d'elle ? Qui est-ce qui va s'occuper de moi ? Maman pleure beaucoup et je me demande ce qui va lui arriver. »

Vous voyez que même si votre enfant à cet âge s'exprime peu verbalement, beaucoup de sentiments assiègent son esprit au moment où le foyer qu'il a connu éclate. L'antidote à ces sentiments négatifs est de passer du temps à jouer avec lui, en le câlinant surtout beaucoup et en ayant un contact physique étroit avec lui. Ce qui compte maintenant, c'est la qualité du temps passé avec lui et où vous vous consacrez entièrement à lui. C'est très difficile pour vous car vous luttez avec la peine du divorce ou du deuil. Mais votre enfant a besoin de vous, et en vous occupant de lui, cela vous aidera, dans une certaine mesure, à retrouver votre équilibre personnel.

14.

LA PREMIÈRE ADOLESCENCE

Elle commence approximativement au deuxième anniversaire et continue à peu près jusqu'au troisième. Tandis que la période des premiers pas était une période d'équilibre, c'est le déséquilibre qui caractérise la première adolescence, de façon très visible. Quand mon fils Rusty en était à faire ses premiers pas et qu'il refusait de faire ce qu'on lui demandait, il disait doucement « Non, non ». Quand il a commencé à répondre : « NON, NON ! », j'ai su qu'il avait abordé la première adolescence.

Beaucoup de parents appellent cette période « les deux ans terribles ». C'est une formule imagée, mais je ne l'aime pas beaucoup car elle ne décrit qu'une attitude de surface. Elle n'analyse pas les causes sous-jacentes de ce comportement.

La première adolescence est très semblable aux années d'adolescence que j'appelle la seconde adolescence. L'une et l'autre sont des périodes de transition, la deuxième étant le passage de l'enfance à l'âge adulte. La première adolescence est la période transitoire entre l'état de bébé (les Anglais appellent l'enfant qui commence à marcher « le bébé qui court dans tous les sens ») et la véritable enfance. Comme c'est une période de transition, l'enfant est plus vulnérable aux chocs psychologiques et plus apte à avoir des réactions extrêmes. Le « premier adolescent » est le type même de l'enfant qui a des accès de colère subite, qui est d'humeur changeante et pleure fréquemment. Il est aussi très exigeant. Tout doit marcher comme il le souhaite. Il accepte difficilement le compromis ou le désir des autres. Ainsi, il risque de piquer une colère si vous omettez un mot en lui lisant une histoire.

Dans la première adolescence comme dans la seconde, sa tâche consiste à établir son identité unique. Il est important de savoir que le sentiment d'identité négative précède le sentiment d'identité positive. A cet égard, les deux formes d'adolescence se ressemblent. Tout ce que sait l'enfant c'est ce qu'il NE VEUT PAS ! Il ne veut en aucun cas ressembler à ses parents. Il ne veut pas se couper les cheveux comme ils l'aimeraient. Il refuse d'écouter la musique qui leur plaît. Il ne veut pas porter de vêtements qui ressemblent aux leurs. Etc. Il doit traverser cette période de rébellion contre ses parents, contre tout ce qu'ils croient et défendent. Alors et seulement à ce moment-là, il pourra découvrir qui il est et ce qu'il représente.

L'enfant de la première adolescence lui ressemble comme un frère. Il refuse absolument tout ce que ses parents lui demandent de faire. Son mot favori est NON ! Son attitude est négative et son style directif va vous faire perdre votre calme :

Toby : « Je veux un verre de lait. »
Maman : « Tiens, voilà un bon verre de lait. »
Toby : « Pas de lait. Je veux du jus d'orange. »
Maman : « Voilà du jus d'orange. Tu es content ? »

Toby : « Non, je ne veux pas du jus d'orange. Je veux du Coca. »

Maman : « !!!!! »

A bien des égards, l'enfant de la première adolescence se comporte en tyran. Il fait la loi. Il est très dominateur et se délecte à donner des ordres à tout le monde. Il balance constamment entre son désir d'évoluer vers la maturité de l'enfance et son désir de régresser vers son univers sécurisant de bébé. Un jour, ou même à une certaine heure, il va vouloir être indépendant, puis le jour suivant ou à l'heure suivante, il veut rester un tout petit peu dépendant de vous. Il peut refuser avec indignation que vous l'aidiez à s'habiller, en lançant avec mépris : « Je sais m'habiller tout seul ! » La fois suivante, il va vous demander, très décontracté, de le faire.

On voit aisément qu'il n'est pas toujours facile de se débrouiller avec un premier adolescent même dans une famille unie et heureuse. Quand vous y ajoutez le stress supplémentaire d'un divorce ou d'un deuil, les difficultés se renforcent. Surtout si l'atmosphère est tendue et hostile. L'enfant va réagir comme s'il refusait d'accepter le divorce. Il ne vous manquait plus que cela ! Vous aviez déjà assez de soucis et de difficultés à affronter.

En général, le premier adolescent a dans sa tête les mêmes sentiments que l'enfant des premiers pas dont nous avons parlé au chapitre précédent. Mais à cause du stade de son développement, les sentiments du premier adolescent explosent davantage et plus intensément. Il va probablement vous attaquer verbalement, physiquement même (ce que vous ne devriez pas tolérer) quand il sera contrarié. En cas de divorce, il ne comprendra peut-être pas qu'il est furieux de ce divorce et il se mettra en colère contre vous.

Quelle est la meilleure façon de l'affronter ? La réponse dépend en partie de ses paroles et de sa capacité à exprimer ses sentiments. Certains enfants de cet âge parlent plus que d'autres et vous pouvez les encourager à s'expliquer pour pouvoir leur répondre.

Maman : « Raconte-moi, Jérémie. Qu'est-ce qui te met en colère ? »

Jérémie : « Papa est parti. Jérémie est en colère. »

Maman : « Papa est parti et tu es en colère. »

Pour un premier adolescent, cela indiquerait une aisance d'expression tout à fait inhabituelle. Un autre exprimerait sa colère en donnant des coups. Que sa réaction soit verbale ou non, il est sage de réduire vos interdits au minimum. Soyez aussi détendue que possible quand il s'agit d'imposer des règles. Mais il est souhaitable d'avoir un minimum de règles pour qu'il puisse s'y opposer, surtout quand il vit la tension du divorce.

Donnez autant d'exutoires que possible à sa colère : des coussins à lancer, des punching-balls à taper, des batacas (ce sont des sacs bourrés qu'on trouve dans le commerce et que l'enfant peut frapper sans danger). Vous pouvez aussi faire des têtes en tissu solide que vous allez rembourrer et que votre enfant pourra frapper. Tandis qu'il tapera vous pourrez l'encourager. « Vas-y, Jérémie. Tape cette vieille tête. Tape fort ! » Permettez-lui de libérer ses sentiments de colère de toutes les façons, mais ne le laissez pas vous frapper, vous ou ses frères et sœurs.

La situation est différente quand il s'agit d'un deuil. Il réagira surtout par une grande tristesse. La colère qui peut exister a tendance à rester à un niveau très profond du conscient et ne risque guère de se manifester. Mais vous vous apercevrez peut-être qu'il deviendra plus coléreux et plus maussade que d'habitude quand il sera fatigué ou contrarié. Vous voudrez le consoler et l'aider à dire sa tristesse. Encouragez-le à parler de ce qu'il ressent, mais ne le forcez pas. Faites-lui savoir, par vos paroles et vos câlins, qu'on l'aime et qu'on s'occupera de lui.

De façon générale, la vie avec un enfant de la première adolescence n'est pas facile, même dans des circonstances normales. Quand vous commencez à être épuisée de l'affronter, pensez à l'adulte que vous voudriez qu'il devienne. Car les qualités mêmes qui le rendent insupportable et difficile vont l'aider à devenir un adulte dynamique et énergique. Son dynamisme est une ressource psychologique importante pour lui, même s'il est difficile de le maîtriser. Ne songez pas à éliminer ce dynamisme de sa personnalité. Pensez que c'est un atout précieux.

15.

LA PÉRIODE PRÉSCOLAIRE

Jusqu'ici votre enfant a dû assimiler une tâche de développement à chaque étape. Maintenant, à l'âge préscolaire, le voilà confronté aux neuf tâches que voici : il doit 1) répondre à ses besoins biologiques pour développer en même temps ses grands et ses petits muscles, 2) apprendre à contrôler ses impulsions, 3) se séparer affectivement de sa mère et devenir indépendant, 4) apprendre à donner et recevoir dans sa relation avec les enfants de son âge, 5) apprendre à exprimer et à refréner ses sentiments, 6) établir l'identité de son sexe, 7) former son attitude fondamentale vis-à-vis de la sexualité, 8) traverser « l'idylle familiale », 9) vivre une période où il réagit tout particulièrement à la stimulation intellectuelle.

Vous voyez donc qu'il se passe *beaucoup* de choses pendant cette période.

Par comparaison avec les étapes précédentes, votre enfant devient plus équilibré et plus complexe. Il parle beaucoup mieux et vous pouvez maintenant avoir une conversation avec lui. Il exprimera généralement ses pensées et ses sentiments librement. Vous éprouverez beaucoup de plaisir à être avec lui, surtout après avoir subi la mauvaise humeur de la première enfance. C'est le stade où votre enfant devient vraiment un individu.

En discutant de chacune des étapes du développement dans cette période préscolaire, je parlerai en termes généraux. Je l'ai déjà dit, chaque enfant est différent, surtout dans sa façon d'exprimer les aspects particuliers de son individu. En plus des différences entre tous les enfants, celles qui existent entre garçons et filles commencent à apparaître plus clairement. Ainsi, les petits garçons ont tendance à être plus agressifs. Les petites filles ont tendance à mûrir plus vite dans leur développement affectif et langagier. Là encore, c'est une généralisation. Nous en parlerons plus loin dans ce chapitre quand nous aborderons la conscience chez l'enfant d'appartenir à un sexe.

Parlons d'abord des étapes du développement dans la période préscolaire.

Votre enfant ressemble à une usine biologique qui puise l'énergie sous forme de nourriture et la dépense en courant, en sautant, en grimpant et en criant. L'enfant de cet âge reste rarement assis tranquillement. Mais toute cette activité est importante. Elle l'aide à développer ses grands et ses petits muscles, première tâche du développement.

Il est aussi occupé à construire un système de contrôle de ses impulsions. Il commence bien sûr à en assimiler les premiers rudiments pendant qu'il fait ses premiers pas. Mais son système ne sera véritablement développé que vers six ans.

Pouvoir dire « non » à ses impulsions et les maintenir en échec prend plus de temps que beaucoup d'adultes ne l'imaginent. Quand l'enfant est très jeune, s'il voit une pomme à un étalage, il risque de s'en emparer tout de suite. Plus tard seulement il apprendra que c'est désapprouvé par la société et qu'il doit se contenir. Comme cela prend longtemps de pouvoir dire « non » avec succès à ses impulsions, ne le bousculez pas. Songez au temps nécessaire pour apprendre à jouer au golf : il faut combiner plusieurs savoir-faire pour bien jouer. Il en va de même pour toutes les habitudes sociales qui permettront à l'enfant d'arriver à la maîtrise de ses impulsions.

Les deux tâches suivantes sont liées. L'enfant doit apprendre à se séparer affectivement de sa mère et à établir une relation d'échange avec les enfants de son âge.

A l'âge des premiers pas ou de la préadolescence, il est encore très dépendant de vous. Vous êtes le point fixe de son existence. A trois ans la situation change. Il est maintenant prêt à se lancer tout seul et à couper le cordon qui le relie à vous.

Votre enfant est davantage disposé à passer de temps avec d'autres enfants et à apprendre à entretenir des relations avec eux. En tant que mère, vous l'acceptez plus ou moins tel qu'il est, parce que c'est votre enfant, mais ses pairs ne réagiront pas de la même façon. Ils apprécieront certaines de ses actions mais pas toutes. Et ils le lui diront sans ménagement. Ils risquent même de le repousser et de lui dire de rentrer chez lui.

Ainsi votre petit va apprendre que ses contemporains sont très différents de sa famille. C'est un monde tout à fait nouveau, avec des règles et des exigences différentes. Le nouvel univers de ses pairs donne à l'enfant l'occasion d'acquérir de nouvelles habitudes sociales, ce qu'il ne pouvait pas faire dans le cercle restreint de sa famille. Il apprend à s'affirmer et à défendre ses droits quand un autre essaie de le dominer. Il apprend à partager, à exprimer ses sentiments, il cultive sa confiance en soi par rapport aux autres. Ces aptitudes à vivre en société acquises entre trois et six ans lui serviront toute sa vie.

Un des plus grands services que vous puissiez lui rendre pour l'aider à maîtriser deux de ces étapes de développement (séparation de la mère et apprentissage des relations avec les enfants de son âge) est de l'envoyer dans une bonne crèche puis dans une bonne école maternelle.

A l'école, l'enfant devra s'habituer aux autres et à une maîtresse nouvelle. Si vous voulez savoir quel pas *énorme* doit être franchi par un enfant de trois ans, allez voir une école maternelle le jour de la rentrée et regardez tous les enfants en larmes qui s'accrochent aux jupes de la maîtresse. Mais votre enfant va apprendre beaucoup. Il apprendra que vous allez sûrement revenir à la fin de la journée d'école. Il va apprendre à fonctionner sans vous, malgré ses protestations et ses larmes. Il va découvrir le ferment d'indépendance qui existe au fond de lui-même tout en cherchant souvent à avoir sa mère auprès de lui.

Commencez par l'envoyer à la maternelle deux jours par semaine, passez ensuite à trois jours, puis finalement à cinq. Cette approche progressive va l'aider à adoucir le choc émotionnel de la séparation. Non seulement il apprendra à fonctionner affectivement sans vous, mais il apprendra aussi à avoir des contacts avec les autres, qui ont une autre façon que lui de s'affirmer. S'il apprend très tôt à avoir des contacts avec les autres enfants, il sera en avance sur ceux qui vont plus tard à l'école.

La cinquième étape consiste à apprendre à exprimer ou refréner ses sentiments.

Vous avez pour la plupart été élevés comme moi. On

nous apprenait à ne pas dire ce que nous ressentions ni à nos parents ni à nos grands-parents ni aux adultes. Je n'avais même pas le droit d'être d'un autre avis que mon père ou ma mère. Si ma mère disait que Milan était la capitale de l'Italie et que je disais non, que c'était Rome, ma mère me foudroyait : « Tu oses me contredire, jeune homme. » Il était absolument interdit d'aller plus loin et de dire à mes parents que je leur en voulais ou que je les détestais. Je me rappelle nettement avoir dû me laver la bouche plusieurs fois avec du savon pour avoir prononcé des paroles aussi inexcusables.

Si vous avez été élevé de cette façon, vous croyez peut-être que les enfants ne devraient pas avoir le droit d'exprimer des sentiments négatifs envers les adultes. Même si vous avez appris à des cours ou dans des livres de psychologie qu'il est bon de laisser les enfants s'exprimer, vous pouvez néanmoins avoir des difficultés à leur laisser vraiment cette liberté. Personnellement, j'ai eu beaucoup de mal à laisser mes enfants exprimer leurs sentiments négatifs.

Presque tous les problèmes que les psychologues ont à traiter avec leurs patients adultes se rapportent d'une façon ou d'une autre à l'incapacité de s'exprimer. Ce que vous pouvez faire de mieux c'est donc de laisser votre enfant parler librement. Cela le tiendra à l'écart des cabinets de psychiatres par la suite. Un individu capable de dire ses sentiments aura sans doute une relation conjugale meilleure et des amitiés plus gratifiantes que celui qui refoule tous ses sentiments. Et celui qui sait s'affirmer et parler à ses collègues aura toutes chances de mieux réussir dans son travail que celui qui se laisse enfermer dans ses griefs.

La période préscolaire est décisive pour permettre à l'enfant de donner libre cours à ses sentiments, négatifs ou positifs. Bien sûr on n'a jamais de problèmes avec les sentiments positifs, en tant que parents. Ce sont les sentiments négatifs qui sont les plus difficiles à admettre. Quand votre petit vous dit : « Tu es super et je t'aime », c'est merveilleux. Mais vous éprouverez quelque difficulté à laisser votre fille vous dire : « Tu es méchante et laide et je te déteste. »

Pensez bien à ceci : que vous laissiez votre enfant exprimer ou non ses sentiments négatifs, il les ressentira de toute façon. Et s'il peut s'en libérer, alors les sentiments positifs pourront les remplacer. Quand on interdit aux sentiments négatifs de s'exprimer, ils empêchent tout simplement les sentiments positifs d'apparaître.

Vous pouvez vous demander : « Mais que ferai-je quand mon enfant m'insultera ? Comment est-ce que je maîtriserai la situation ? » Vous pourrez utiliser la méthode du feed-back dont j'ai déjà parlé au chapitre 6. Laissez votre enfant exprimer tout ce qu'il ressent : laissez-le s'agiter, avoir peur, se mettre en colère, faire mal, aimer. Reprenez ces sentiments dans vos paroles. Cela lui montrera que vous le comprenez vraiment. Vous pouvez ainsi lui dire : « Tu n'es pas content parce que j'ai mis une pièce dans la tirelire de ta sœur et pas dans la tienne. » Ou : « Tu es furieux parce que je t'ai grondé. »

Cela paraît si simple, mais cela peut être dur à mettre en pratique au début. Persévérez et vous apprendrez cette technique.

Notez bien que je vous conseille de laisser votre enfant exprimer ses *sentiments* librement. Je ne vous conseille pas de le laisser *agir* librement. Il pourra dire à son frère qu'il est furieux contre lui mais il ne devra pas le frapper. Les actes peuvent provoquer des conséquences pénibles, les sentiments exprimés font seulement partie du domaine de la communication. Il y a une grande différence entre les deux.

La sixième phase du développement est l'identification à son sexe. J'entends par là l'identification de l'enfant aux caractéristiques de l'un ou l'autre sexe. Nous l'avons dit, c'est pendant cette période préscolaire que les différences commencent à apparaître plus clairement. Les hommes et les femmes sont certes des êtres humains et ce qu'ils ont en commun est beaucoup plus important que ce par quoi ils diffèrent, mais les petites filles sont différentes des petits garçons, les adolescentes des adolescents, et les femmes des hommes. Ces différences n'impliquent pas de supériorité d'un sexe sur l'autre. Ils sont tout simplement différents. Malheureusement, dans le passé, on tendait à figer cette identité dans ces stéréotypes rigides et qui empêchaient la personnalité de chaque individu de se développer complètement. On apprenait aux petites filles qu'elles devaient être faibles et soumises et qu'en grandissant elles deviendraient des femmes qui auraient peur d'exercer leur indépendance. Les petits garçons apprenaient qu'ils ne devaient pas pleurer ou montrer ce qu'ils pensaient. Et ils éprouvaient ensuite beaucoup de gêne à exprimer leurs sentiments.

Les enfants de la période préscolaire sont de petits êtres impressionnables. On leur présente souvent des stéréotypes de leur sexe au moment même où ils sont en train de créer cette identité. Ces stéréotypes risquent de bloquer leur affectivité d'adultes. On les trouve dans les livres, à la télévision, dans les chansons et, c'est triste à dire, chez leurs parents. C'est pourquoi il faut absolument lire des histoires non sexistes à votre enfant, lui faire voir des programmes télévisés non sexistes et par-dessus tout parler des hommes et des femmes en termes d'égalité.

Si vous agissez ainsi, votre petite fille sera toujours différente de votre petit garçon, mais elle ne se considérera pas comme inférieure. Et inversement pour votre petit garçon.

Si vous y réussissez, vos enfants établiront leur identité de fille ou de garçon mais ce seront des identités ouvertes plutôt que rigides ou cloisonnées.

Cet apprentissage se fait surtout en imitant des modèles. Dans toutes les familles, les petits garçons se modèlent sur leur père et les petites filles sur leur mère. Dans le foyer mono-parental, c'est tout autre chose. Il n'y aura pas de difficulté pour la petite fille mais qu'en sera-t-il du petit garçon ? Si le père reste en contact étroit avec les enfants et s'il les voit fréquemment, le petit garçon passera peut-être assez de temps auprès de lui pour le prendre pour modèle.

Mais que faire lorsque le père se contente de visites peu fréquentes, ou s'il est totalement absent ? Vous aurez alors besoin de le remplacer par un membre de la famille (grand-père, oncle ou cousin) comme substitut du père pour passer un peu de temps avec le jeune enfant. Votre ami ne doit en aucun cas jouer ce rôle. Il serait très néfaste pour l'enfant d'avoir une succession de substituts paternels qui traverseraient sa vie. Comme je l'ai déjà dit, je ne laisserais pas les enfants s'impliquer avec un de vos amis à moins que l'affaire ne devienne sérieuse entre vous deux.

Mais si vous n'avez pas de membre de votre famille qui puisse être substitut du père, rien n'est perdu. Engagez un étudiant pour passer un certain nombre d'heures par semaine avec votre petit garçon, avoir ensemble des activités qui leur plaisent à tous les deux :

aller au zoo, jouer à des jeux de société, faire des visites, etc. Si cela n'est pas possible, essayez de trouver un lycéen assez mûr pour jouer ce rôle.

Même si la perte du père se produit à ce moment-là, vous pouvez faire beaucoup pour éviter que le développement de l'identité sexuelle chez votre enfant ne soit perturbé. C'est une partie très importante de la personnalité et vous souhaitez naturellement que votre enfant en acquière une solide.

La septième étape du développement est la formation de son attitude de base envers la sexualité génitale. Je veux parler de l'apprentissage d'une attitude saine à propos du toucher et du contact physique, qui jouera plus tard une part importante dans sa sexualité d'adulte.

Malheureusement beaucoup d'adultes répugnent à toucher leur partenaire, sauf dans les relations sexuelles. Les femmes se plaignent fréquemment que leur mari ne les touche jamais sauf pour faire l'amour. Mais le jeune enfant qu'on câline, qu'on embrasse, qu'on cajole et qu'on caresse sur la tête et les cheveux est préparé à une maturité sexuelle adulte chaleureuse et complète *.

En apprenant à nos enfants à jouir totalement d'un contact physique plein d'amour, donnons-leur à l'égard des parties sexuelles la même attitude positive ou neutre qu'ils peuvent avoir à l'égard des autres parties du corps. Malheureusement, on apprend souvent aux enfants que la sexualité et les organes sexuels sont « sales » et qu'il ne faut pas y toucher. Les mères, par exemple, sont ravies d'apprendre à leurs enfants les différentes parties du corps : « Où est ton nez ? Mets

* R. Ornstein et D. Sobel, *Les Vertus du plaisir,* collection « Réponses », Robert Laffont, 1992.

ton doigt sur ton nez. Trouve ton oreille... » Mais combien de mères continuent en disant : « Où est ton pénis ? Touche ton pénis ! » Ou bien : « Où est ton vagin ? Mets ton doigt sur ton vagin. » Que retient l'enfant de tout cela ? Il apprend que son nez, ses cheveux, sa main, son genou et son pied sont des parties acceptables de son corps. On leur donne un nom. Mais d'autres parties du corps doivent être mauvaises, si mauvaises qu'on ne les nomme même pas.

Il est beaucoup plus sain du point de vue émotionnel que l'enfant sache que ses parties sexuelles sont aussi acceptables que le reste de son corps. Comme le petit garçon qui à la maternelle est venu trouver sa maîtresse pour lui dire : « Maîtresse, j'ai mal à mon pénis ! Il y a quelque chose qui le pince dans mon pantalon. » Merveilleux ! Il était aussi à l'aise que s'il lui avait dit : « J'ai mal au pied ! Ma chaussure me serre. » Plus tard, vers sept ou huit ans, les enfants ont davantage d'amour-propre et sont plus discrets. Mais une attitude décontractée vis-à-vis du corps dans la période préscolaire leur sera très utile dans leur vie d'adulte.

Il est assez stupéfiant de voir que de nombreux couples mariés ne peuvent pas se parler de leurs corps. Ils sont incapables de dire à l'autre ce qui leur donne ou non du plaisir. J'ai soigné de nombreux cas de ce genre. Ce couple est marié depuis trois ou sept ou neuf ans, mais ni le mari ni la femme n'a eu le courage de communiquer à l'autre ses besoins sexuels. Une fois qu'ils ont appris à exprimer leurs désirs, leur vie sexuelle s'améliore grandement.

Aussi surprenant que cela puisse être, l'incapacité de l'adulte à aborder les problèmes sexuels remonte à la période préscolaire, quand l'enfant assimile très vite les tabous culturels concernant la sexualité et les organes sexuels. Je vous conseille de les briser volontairement. Ainsi, lorsque votre petit garçon prend un bon bain chaud, dites-lui : « Tu sens comme tes jambes sont bien au chaud dans le bain ? Je parie que c'est la même chose pour ton ventre, pour ton pénis aussi. Il est bien au chaud dans le bain. » Je vous défie de trouver une autre mère qui tienne un tel discours autour de vous. Mais n'hésitez pas à le faire. Et votre enfant à l'âge adulte pourra aborder le sujet du sexe bien plus librement et plus naturellement que la plupart des gens. Il se sentira mieux dans son corps. Et cela devrait l'aider à devenir un bon partenaire dans le mariage.

Je vous ai suggéré de ne pas faire défiler une succession de substituts paternels dans la vie de votre enfant. Mais si vous finissez par établir une relation intime et solide avec un homme, il passera nécessairement du temps avec lui. Ce serait une bonne idée que de parler à votre ami de la sexualité à l'âge préscolaire aussi bien que des problèmes d'identité liés à chaque sexe ou des autres étapes importantes du développement de l'enfant. Si vous ne l'aidez pas en coulisses, il risque d'être désemparé pour faire face aux sentiments de votre enfant ou à ses questions sur la sexualité.

Comment répondre à ces questions ? L'idéal consiste à répondre aussi simplement que vous le feriez si on vous demandait pourquoi il pleut ou ce qui fait marcher une voiture. Je veux dire que vous devez répondre aux questions sur la sexualité aussi directement que sur n'importe quel autre sujet. Soyez aussi simple que possible : vous n'avez pas besoin de donner des explications détaillées. Vous souhaiterez probablement que l'enfant apprenne peu à peu tout ce qui se rapporte à l'amour, au mariage et à la sexualité.

La huitième étape de l'âge préscolaire consiste, pour

l'enfant, à régler ce qu'on appelle « l'idylle familiale ». C'est un terme psychologique qui définit une période du développement habituelle mais importante. Je vais la décrire d'abord par rapport au garçon. Vers trois ans, le petit garçon devient amoureux de sa mère et il va l'être jusque vers six ans. Il la traite de façon privilégiée et il veut qu'elle le traite de la même façon.

Il faut bien comprendre qu'il ne ressent aucune attirance sexuelle pour sa mère. C'est la même réaction qu'un jeune garçon qui en « pince » pour un de ses professeurs. Certains petits garçons restent discrets sur leurs sentiments. D'autres les manifestent plus clairement : « Quand je serai grand, je me marierai avec maman. » Ils peuvent aussi ajouter : « Papa s'en ira et ne reviendra pas. »

Cette phase de l'idylle familiale est très importante pour les petites filles aussi bien que pour les petits garçons. C'est dans cette phase que le petit garçon commence à créer le modèle mental de la femme qu'il épousera un jour. La petite fille connaît la même aventure avec son père. Tomber amoureux de son père ou de sa mère est une préparation importante à ce que fera l'enfant quans il sera adulte.

D'ordinaire, dans un couple stable et heureux, le petit garçon finit par décider qu'il ne se mariera pas avec maman parce qu'elle est déjà mariée avec papa. Il épousera une autre fille mais quelqu'un qui ressemblera à maman. Il y a même une chanson qui dit : « Je veux trouver une fille qui ressemble à celle qui a épousé mon bon vieux papa. »

Si vous êtes déjà remariée au moment où votre enfant entame cette idylle, votre nouveau mari peut se voir assigner le rôle de père idéalisé par votre petite fille. Ne laissez pas votre ami jouer ce rôle, car votre liaison peut se terminer et votre petite fille s'apercevrait que son amour idéal a disparu.

Ne vous moquez pas des sentiments de votre fils ou de votre fille pendant l'idylle familiale. Ils peuvent vous paraître mignons ou drôles, mais vos enfants les prennent très au sérieux. Et ils ont raison. Car cela les prépare à leur future relation amoureuse.

La neuvième et dernière étape du développement de la période préscolaire consiste à répondre à la stimulation intellectuelle. Si vous donnez cette possibilité à votre enfant, il aura une longueur d'avance sur les autres enfants quand il entrera à l'école.

Comment pouvez-vous lui fournir cette stimulation? D'abord, vous pouvez lui lire des livres. Vous l'aiderez ainsi à développer son intelligence. Vous lui apprendrez à aimer la lecture et vous établirez des bases solides à son apprentissage.

Deuxièmement, vous pouvez lui apprendre l'arithmétique et les mathématiques avec les réglettes Cuisenaire. Sans entrer dans les détails, croyez-moi, c'est une des choses les plus extraordinaires que vous puissiez faire pour son intelligence *.

Un ami (temporaire ou non) risque de ne pas goûter les joies ou mesurer l'importance de ces jeux de stimulation intellectuelle avec votre enfant. Vous devrez peut-être les lui expliquer. Lui et l'enfant en tireront grand profit.

Voilà ces neuf tâches accomplies. Vous voyez à quel point cette période est décisive dans la vie de votre enfant. Vous pourrez améliorer son bien-être intellectuel et affectif à bien des égards.

---

* Cécile Brahy-Loupan, *Croire en son enfant,* collection « Réponses », Robert Laffont, 1987.

Pendant cette période, l'enfant est particulièrement sensible au divorce ou à la mort. Il est capable de saisir ce qui se passe dans les relations entre individus infiniment mieux que pendant les périodes précédentes. S'il voit que la relation entre ses parents s'achève par une séparation ou un divorce, il va très vite conclure qu'un de ses parents ou les deux risquent de le quitter. Il va en ressentir de la peur ou de la tristesse. Si son père meurt, c'est comme si un des grands arbres s'abattait dans une forêt. C'est un vide terrible que rien ne peut d'abord combler. Là aussi l'enfant a peur et ressent beaucoup de tristesse.

Comme l'enfant dont les parents sont divorcés, l'orphelin peut s'accrocher à sa mère quand elle le quitte pour faire les courses, et la supplier de ne pas partir. Même s'il s'était préalablement bien adapté à la maternelle, il risque de l'accueillir par des sanglots ou des accès de colère quand elle vient l'y chercher. L'enfant qui s'était bien habitué au travail de sa mère à l'extérieur peut admettre difficilement de la laisser partir le matin. Et quand elle rentre à la maison, il risque de l'accueillir avec la tension accumulée pendant toute la journée par la crainte qu'elle ne revienne pas. Chaque départ de sa mère sera l'occasion de s'en faire et d'être triste.

Les enfants de divorcés ou les orphelins de la période préscolaire risquent de régresser dans leur comportement. Ils avaient peut-être maîtrisé la propreté, maintenant ils auront des « accidents ». Il faudra peut-être de nouveau utiliser des alèzes. Ce comportement régressif prouve que l'enfant est confronté à trop de problèmes. Il doit se replacer psychologiquement dans une époque précédente pour lutter contre ses angoisses habituelles. Bien sûr, lorsque l'enfant régresse, la mère se trouve obligée de fournir un effort supplémentaire dans ses soins à donner à l'enfant, au moment même où ses propres forces psychologiques sont au plus bas.

Certains enfants sont déroutés alors qu'ils font de grands efforts pour comprendre ce qui est arrivé à leur famille. Ils ne cessent parfois de demander ce que sont cent objets familiers de la maison et redemandent sans cesse ce que c'est. L'objet devient une représentation concrète de l'absence de l'autre parent, et ils demandent en réalité ce qu'est cette absence et ce qu'elle signifie. Beaucoup de jeunes enfants qui essayent de découvrir le sens d'un divorce ou de la mort centrent leurs jeux sur le thème de « quoi appartient à qui ».

Beaucoup d'enfants du divorce prennent à leur compte la séparation de leurs parents. Ils agissent comme si celui qui les a quittés l'avait fait parce qu'il ne les aimait pas et comme s'il allait les remplacer ailleurs par d'autres enfants. Il leur semble incroyable que ce départ soit motivé par l'autre parent et non par eux. L'enfant peut demander à sa mère : « Est-ce que papa va avoir une autre maman et un autre petit garçon ? »

Comme les enfants sont souvent incapables de comprendre ce qui se passe (et les adultes ne les y aident guère la plupart du temps), ils remplissent le vide de leurs fantasmes, souvent étranges. Ceux-ci naissent à la fois de sa capacité limitée à comprendre des événements troublants et de son appréhension face aux tensions vécues par les adultes qui l'entourent. Un des fantasmes les plus fréquents évoqué par les enfants dans leurs jeux est la crainte d'être abandonnés, affamés par leurs parents. C'est bien sûr l'image concrétisée de leur peur de l'abandon. Ceux qui ont le plus peur sont ceux à qui on n'a pas donné une vision très claire de ce qui se passait dans la famille.

Les enfants ont aussi recours à ces fantasmes pour nier la réalité de l'absence du père. Ce refus les aide à affronter cette perte douloureuse. Les filles semblent y avoir recours plus que les garçons. Dans leur imagination de petite fille, le père va bientôt revenir pour être auprès d'elles et les aimer. Beaucoup de ces enfants affirment : « C'est moi qu'il aime le plus », ce qui leur permet de nier le départ du père et le sentiment de rejet qui en résulte.

Les enfants de cet âge expriment le choc ressenti devant le divorce par une irritabilité et une hostilité accrues. Ils vont manifester ces sentiments auprès de leurs frères, de leurs sœurs, de leurs parents et à l'école. Beaucoup sont témoins des disputes et même des coups entre leurs parents. Ces épisodes de violence risquent de faire naître en eux un comportement agressif.

L'orphelin a aussi des fantasmes et risque de raconter aux autres que son papa vit encore à la maison. Comme pour l'enfant de divorcés, cela peut l'aider à affronter le choc de la perte. Avec le temps, il devient plus apte à maîtriser ses sentiments, et les fantasmes disparaissent peu à peu.

Beaucoup d'enfants se sentent coupables de la perte d'un parent par le divorce ou par la mort, surtout un enfant d'âge préscolaire qui perd un parent du même sexe que lui. Il en est au stade de la « pensée magique » autant que de l'idylle familiale. Il a peut-être souhaité la disparition de son père-rival. Lorsque celui-ci s'en va vraiment, il lui semble que c'est de sa faute. C'est vrai pour les deux sexes. La petite fille qui a perdu sa mère aura le même sentiment de culpabilité qui se mêlera à sa peine. Beaucoup d'enfants se rendent responsables du divorce, malgré les explications de leurs parents. Ils risquent de persister dans leur sentiment de culpabilité avec beaucoup d'obstination.

En cas de divorce ou de deuil, les enfants d'âge préscolaire manifestent souvent un besoin intense d'amour et d'affection. Ils peuvent grimper sur les genoux d'un adulte étranger et demander des marques d'affection en disant même qu'ils veulent qu'on les aime.

Voilà un bref aperçu des réactions de l'enfant d'âge préscolaire à la perte d'un de ses parents. Il lui faudra un supplément d'amour et d'affection. Il aura beaucoup de mal à comprendre ce qui se passe. En cas de divorce, il craindra surtout que son père ne revienne pas. Cette crainte se traduit souvent par de l'hostilité et de l'agressivité. Les parents devront expliquer aussi clairement que possible que le divorce est une sorte de combat entre les parents et que les enfants n'y sont pour rien. Ils devraient aussi ne pas prendre l'hostilité accrue de l'enfant comme une blessure personnelle et n'y voir que la réaction à leur sentiment de colère pendant le divorce.

Où que soit le domicile du père divorcé, l'enfant d'âge préscolaire devra voir la maison de son père et y passer si possible une nuit, comme nous l'avons déjà suggéré pour l'enfant plus jeune. Peu de pères s'imaginent à quel point ils sont importants pour leur enfant.

L'interaction avec le véritable père sera sans doute le meilleur antidote aux fantasmes débridés de l'enfant.

16.

LA MOYENNE ENFANCE

Tant que l'enfant demeure dans l'âge préscolaire, la famille est son seul univers. Même s'il fréquente la crèche, son horizon ne s'étend guère au-delà. Au stade de la moyenne enfance, qui s'étend en gros de la sixième à la onzième année, l'enfant va élargir son domaine. A ce stade, il découvre et habite deux mondes en plus de sa famille : celui de l'école et celui des copains. Incidemment, notons que sa personnalité est assez stable. Il ne connaîtra pas pendant cette période les fluctuations de l'âge préscolaire, au cours duquel son caractère a pu être différent à trois ans, quatre ans ou cinq ans.

Examinons l'un après l'autre ces deux mondes nouveaux. D'abord celui de l'école : jusqu'à la moyenne enfance, l'enfant est généralement accepté tel qu'il est par ses parents qui ne cherchent pas spécialement à changer sa personnalité. A l'école maternelle, il va commencer à apprendre les comportements sociaux nécessaires à la vie en commun. Mais maintenant tout va changer. Pour se faire accepter des autres, il devra accepter aussi certaines conditions plutôt que d'« imposer » les siennes. Il ne réussira pas toujours, et sera jugé et noté sur ses activités et ses performances scolaires. Les élèves d'une classe savent très bien quels sont les faibles, les moyens et les bons. Ils seront sans pitié pour étiqueter l'un d'eux comme retardé. Par ailleurs l'élève au-dessus de la moyenne, voire brillant, adoptera souvent un profil bas car il découvrira que les autres ont tendance à le brimer s'il se montre trop intelligent. Et malheur à l'élève — surtout si c'est un garçon — qui avoue naïvement aimer l'école.

Les enfants s'évaluent aussi entre eux par rapport à leurs performances sportives. L'un d'eux aura beau avoir toutes les qualités, il ne sera pas bien accepté s'il grimpe mal ou s'il ne court pas assez vite. Les enfants désignent d'une épithète la personnalité de leurs voisins. Et si l'un d'eux est classé comme « minus », cela aura tendance à fausser et à figer le comportement du groupe à son égard. Malheureusement, celui qui souffre d'un handicap physique se verra affublé d'un sobriquet.

Les enfants sont capables de méchanceté lorsqu'ils décident d'accepter ou de rejeter quelqu'un de leur petit clan. C'est, bien sûr, une atmosphère très différente de celle d'amour inconditionnel qui régnait dans la famille à l'âge préscolaire. Pendant la moyenne enfance, s'il a des problèmes de personnalité, de capacité sportive, d'intelligence, il risque d'être tenu à l'écart par ses pairs. Dans ce cas, il faudra qu'il puisse en parler à la maison et recevoir de la famille un soutien affectif.

Le travail de développement que votre enfant doit accomplir pendant la moyenne enfance consiste à apprendre à maîtriser son entourage afin de ne pas être dominé par lui. C'est une tâche nouvelle, car pour la première fois il sera en compétition avec d'autres enfants, hors du milieu familial. Il faut qu'il maîtrise son travail en classe, les exercices physiques imposés, les activités extra-scolaires en même temps que le jeu des relations personnelles avec ses camarades. Si cette tâche n'est pas accomplie, l'enfant se sentira inférieur et inadapté.

Ce que vous pouvez faire avec un enfant à ce stade — si vous appréciez vous-même cette activité —, c'est de l'emmener camper. Presque tous les garçons et presque toutes les filles peuvent, dès cet âge, découvrir et aimer le camping. Ils apprendront à faire leur sac, à monter la tente, à faire un feu, à préparer un repas. Sentir qu'il possède les techniques du camping aidera votre enfant à se créer une image positive de lui-même. Vous pouvez l'aider dans cette voie en l'encourageant à développer ses dons naturels et en lui faisant des compliments lorsqu'il réussit bien.

Parlons maintenant du clan des copains. A ce stade du développement, le « clan » signifie le groupe des enfants du même âge à l'école et dans le voisinage. Pour votre fille, cela signifie qu'elle va passer la plupart de son temps libre à jouer avec ses amies. Pour votre fils, cela représentera plus probablement l'appartenance à un clan de camarades liés par des mots de passe et des règles secrètes.

N'allez surtout pas considérer cette petite bande comme un groupe asocial de garnements armés de couteaux. Pas du tout. Je vois plutôt quatre ou cinq gamins de huit à neuf ans construisant une cabane et dont l'activité principale consiste à se rencontrer dans le voisinage.

A ce stade, les membres du clan ont une grande importance dans la psychologie de votre enfant. Il essaiera de se conformer en tous points à ce qu'ils attendent de lui. Ce comportement le sécurise en lui procurant le soutien et la fidélité du groupe.

Comme vous le voyez, le clan est la seule chose qui ne soit pas organisée par les adultes. Cela n'a rien à voir avec les clubs de football ou de judo, le scoutisme ou le catéchisme. Il s'agit d'un groupe que les enfants organisent entre eux, et ils ne tolèrent en aucune manière que les adultes se mêlent de leurs activités.

Votre enfant apprend énormément avec ses camarades. Le clan lui enseigne les indispensables comportements sociaux qui échappent entièrement au contrôle et à l'appréciation des adultes. D'où leur intérêt et leur valeur. C'est la première fois que votre enfant peut s'aventurer seul dans la société des autres.

N'allez surtout pas croire qu'à cause de ces expériences du clan et de l'école la famille perde de son importance. Elle reste l'élément fondamental, mais l'enfant va prendre vis-à-vis d'elle une attitude ambivalente. Le docteur Barbara Bibert résume en ces termes ce paradoxe : « L'enfant cherche les moyens d'appartenir à sa famille et en même temps de s'en libérer *. »

Dans la moyenne enfance, votre fils et votre fille sont encore fortement influencés par leurs parents. Même s'ils leur désobéissent souvent, ils assimilent au fond d'eux-mêmes leurs attitudes, leurs sentiments et leurs valeurs.

En d'autres termes, vous continuez d'être pour votre enfant le modèle le plus important. C'est seulement à l'adolescence que cette situation va changer, lorsque le groupe des amis de son âge va remplacer la famille dans ce rôle de modèle social. Avec la moyenne enfance,

---

* *The School Years,* The New Encyclopedia of Child Care and Guidance, Doubleday, 1968.

l'enfant franchit un pas énorme, psychologiquement et intellectuellement, par rapport à l'âge préscolaire et sans cesse au cours de ces années, sa compréhension de la vie acquiert plus de maturité. Ce qui signifie qu'à partir de huit ou neuf ans sa réaction à un divorce ou à un décès devient semblable à la nôtre : c'est la prise de conscience que quelque chose de définitif s'est produit, provoquant chez lui rancœur et chagrin.

Au cours de la moyenne enfance, l'identité de l'enfant est étroitement liée à la famille. On peut dire que cette identité s'organise autour du concept : « Je suis la fille de Pierre et Jacqueline Dupont. » La disparition totale ou partielle d'un des parents peut représenter une grave atteinte à son identité. Pour un enfant en pleine période de transition entre l'univers familial et celui beaucoup plus vaste du monde extérieur, c'est une expérience déstabilisante. La conscience de soi déjà hésitante est rendue encore plus précaire par la perte de l'intégrité familiale.

A la différence de l'enfant d'âge préscolaire, qui utilisait à fond le refus et l'imagination pour oublier la rupture de la cellule familiale, le jeune de la moyenne enfance se trouve souvent incapable de mobiliser les défenses susceptibles d'atténuer sa tristesse. A sept ans, l'enfant d'un couple divorcé m'a dit : « Il faut que je me retienne, sans cela je pleurerais tout le temps. » Pour dire cela, il savait très bien que ses désirs imaginaires d'une famille enfin réunie ne se réaliseraient jamais. Un autre m'a avoué ses désirs profonds : « Premièrement, que papa revienne ; deuxièmement, que mes parents se retrouvent ensemble ; troisièmement, qu'ils ne divorcent plus jamais. » Et d'ajouter aussitôt : « Ça n'arrivera jamais. Aucun de mes vœux ne se réalisera. » Comme à l'âge préscolaire, l'enfant au début de la moyenne enfance (entre six et huit ans) est souvent habité par la peur et troublé par des fantasmes irraisonnés tels que la crainte d'être abandonné parmi des inconnus ou de se perdre et d'être privé de sa famille. Les fantasmes de privation sont aussi très fréquents : peur de manquer de nourriture, de jouets, ou d'autres choses importantes.

A l'occasion d'un divorce, les enfants sont quelquefois très choqués par le changement d'attitude de leurs parents. Auparavant, ils les percevaient comme détenteurs de l'autorité morale, ceux qui pouvaient leur dire par exemple de ne pas se disputer avec leurs frères et sœurs. Et voilà tout à coup qu'en leur présence les parents ont de violentes discussions et échangent même des injures. Leur mère leur a dit de bien se conduire et maintenant ils la voient abandonner son mari pour partir avec un autre homme. Ils peuvent voir le père ou la mère s'espionner et se mentir l'un à l'autre. Tous ces agissements menacent l'identité de l'enfant en agressant son sens du bien et du mal. Alors faites tout votre possible pour lui montrer que le système de valeurs que vous lui avez enseigné est encore intact.

Autre élément psychologique de la plus grande importance : le besoin de retrouver le père disparu. Le petit garçon d'un couple divorcé m'a dit : « Je sens que tout va mal depuis que papa n'est plus à la maison. » Les garçons regrettent leur père beaucoup plus que les petites filles. Comme dans les étapes antérieures, l'intensité du regret pour le père n'a aucun rapport avec le degré d'intimité qui existait entre lui et son enfant. A cet âge, les garçons n'expriment presque jamais de colère contre leur père. Cependant, ceux qui sont doués d'une sensibilité plus profonde ressentiront peut-être de la colère contre le père décédé au lieu de la diriger contre une cause extérieure. Dans le cas d'un divorce, les garçons en veulent quelquefois à leur mère d'avoir provoqué la rupture ou contraint leur père à s'en aller.

A la fin de la moyenne enfance (entre neuf et onze ans), les enfants se différencient des plus jeunes par leur aptitude à comprendre les conséquences du malheur familial (divorce ou décès) sur leur propre vie. Le sentiment qui les trouble le plus est celui d'impuissance et d'abandon. Afin de le contrecarrer, ils prennent souvent des initiatives. Par exemple, l'enfant d'un couple divorcé peut vouloir faire pression sur sa mère pour qu'elle abandonne son nouveau compagnon et revienne auprès du père. De telles initiatives, réussies ou non, soulagent quelque peu ce sentiment d'abandon. A un âge plus avancé, l'enfant peut atténuer son sentiment d'impuissance en laissant s'exprimer sa rancœur. En cas de divorce, cela peut se manifester par une longue tirade réprobatrice, telle qu'un adulte pourrait la formuler, à l'encontre de celui des parents qui reste avec l'enfant. Dans les foyers où le père s'est montré dur et n'a pas hésité à punir, son départ peut signifier pour l'enfant une nouvelle liberté pour exprimer des sentiments hostiles qu'il a dû réprimer jusque-là. Tout enfant traversant la moyenne enfance peut exprimer sa détresse en refusant de manger ou de dormir, en obtenant en classe de mauvaises notes ou en adoptant un comportement agressif. Bien plus que de punitions, l'enfant a besoin qu'on le cajole et qu'on le rassure en lui montrant qu'on l'aime et qu'on ne l'abandonnera pas. Et même s'il ne le fait pas savoir, il a autant besoin de câlins qu'aux stades du développement qui ont précédé. Comme toujours, encouragez-le à exprimer ce qu'il éprouve dans cette crise familiale, en utilisant le système du feed-back pour lui faire savoir que vous comprenez ses sentiments profonds et que vous les acceptez.

Malheureusement la moyenne enfance est aussi la période où les enfants sont assez grands pour que l'un des parents divorcés essaye de les gagner à sa cause en les dressant contre l'autre. En dépit de ces pressions et de ces manipulations sentimentales, beaucoup d'enfants continuent d'être sincèrement attachés aux deux parents, souvent en secret et au prix d'une pénible épreuve psychologique. Mais quelquefois il arrive qu'un enfant se dise : « Si mes parents ne me laissent pas les aimer tous les deux, je vais pouvoir me faire aimer davantage en prenant parti pour l'un des deux. »

Cette alliance entre parents et enfants peuvent durer un certain temps. Le père ou la mère qui l'encourage pense sans doute qu'elle va favoriser la reconstitution de la famille mais sa motivation cachée sera plutôt la vengeance. L'enfant qui adhère à une alliance de ce genre manifeste en général moins de stabilité et moins d'estime de soi que celui qui s'en tient écarté. L'enfant qui prend le parti d'un des parents se sent plus nécessaire, plus important et moins désemparé du fait qu'il joue un rôle actif dans le divorce. Les enfants qui sont les plus susceptibles de céder à l'attrait d'une telle alliance sont les plus âgés, ceux qui atteignent la fin de la moyenne enfance.

Il est utile d'insister sur l'aspect dévastateur pour l'enfant de se sentir obligé — ou autorisé — à prendre parti pour l'un des parents. Il faut absolument qu'il puisse vous aimer tous les deux.

Il est clair que votre relation, votre soutien et vos soins sont absolument décisifs à chaque stade de son développement. Même lorsque sa maturité et son autonomie se développent au cours de la moyenne enfance, c'est encore un petit garçon ou une petite fille, très dépendant de vous pour la plupart des choses importantes de sa vie. A l'occasion d'une crise telle qu'un divorce ou un décès, il comptera plus que jamais sur votre soutien affectif bien qu'il y ait des enfants qui paraissent sortir renforcés par l'adversité dans les crises familiales.

Quelle que soit la réaction de l'enfant à la crise, vous pouvez l'aider à trouver dès maintenant son propre soutien affectif, d'une manière gratifiante pour lui et pour vous. Ainsi vous le trouverez beaucoup plus mûr qu'auparavant pour vous tenir compagnie, et discuter avec vous de ce qu'il y a de bien et de mal dans le monde de l'école et de votre entourage. Il pourra aussi décider avec vous de la conduite de la maison et commencer à accomplir davantage de tâches d'adulte. Il ne s'agit pas, bien entendu, de renoncer à votre autorité parentale en quoi que ce soit. Mais vous laisserez votre enfant participer davantage aux activités de la famille, ce qui lui donnera un sentiment d'utilité et de stabilité dans ces moments difficiles.

17.

LA PRÉADOLESCENCE

Voilà onze ans que vous faites de votre mieux pour développer chez votre enfant de bonnes habitudes, de bons comportements, et le sens des valeurs. Et apparemment vous avez réussi. Mais au moment où vous vous apprêtez à vous en réjouir, l'enfant atteint sa onzième année, et voilà que tout à coup il fait preuve d'un comportement négatif. L'amour et la tendresse font place à l'hostilité.

Que s'est-il passé chez votre enfant qui à dix ans était encore si heureux de vivre et si gentil ? Il vient d'être atteint par les forces de croissance que sont la puberté et l'adolescence, qui font irruption pendant la onzième année, et déclenchent la préadolescence. Je n'oublierai jamais la façon dont ma fille a franchi cette étape. Deux mois avant son onzième anniversaire, nous finissions de dîner et je lui avais demandé de débarrasser la table, ce qu'elle faisait depuis plusieurs années, mais ce jour-là sa réaction fut pour le moins inattendue. « D'ACCORD, s'écria-t-elle, DANS CETTE SOCIÉTÉ FASCISTE QUI SE PRÉTEND DÉMOCRATIQUE, CETTE FAMILLE OÙ LES ADULTES ONT TOUS LES DROITS ET OÙ LES ENFANTS N'ONT RIEN À

DIRE, JE VAIS EMPORTER VOS SALES ASSIETTES ! » Bon exemple de l'adolescent poussant son cri.

Il peut se montrer particulièrement désagréable, et les filles sont souvent aussi pénibles à supporter que leurs frères. Les aspects agréables de la personnalité et les bons comportements acquis après de longs efforts, semblent tout à coup avoir disparu. Ce stade dure approximativement de la onzième à la treizième année. C'est une période difficile pour l'enfant et plus encore pour les parents.

Le travail de développement accompli pendant les autres stades a toujours été dans le sens du progrès. Mais chez le préadolescent, cette tâche se caractérise par la *désorganisation.* On peut le comparer à ce qui se passe au cours de la première adolescence, mais à un degré bien supérieur. Heureusement, il ne s'agit pas d'une désorganisation permanente de la personnalité, mais d'un orage de deux ans menant à une réorganisation plus élaborée du moi. Pour exprimer cela d'une manière différente, on pourrait dire que le travail de développement de la préadolescence consiste à livrer un combat victorieux contre la puberté.

Dans ce contexte de désorganisation, la coopération avec les parents se trouve réduite à néant dans la majorité des cas. Si par exemple vous lui proposez — suggestion tout à fait raisonnable — de mettre son duffle-coat pour sortir parce qu'il gèle, le préadolescent va réagir comme si vous lui proposiez la chose la plus ridicule qui soit. Et quand vous aurez supporté bon nombre de fois ces réactions irritées à vos demandes les plus courantes, vous aurez parfois l'impression que votre raison chavire.

Jusqu'à onze ans, l'enfant vous a laissé croire que vous aviez pu lui inculquer certaines règles de courtoisie élémentaire et certaines des valeurs auxquelles vous croyez. Tout cela semble avoir maintenant disparu. Sa conscience paraît en régression et il semble incapable de contrôler ses réactions antisociales.

En plus de tout cela, le préadolescent sait vous toucher aux endroits les plus sensibles. Depuis des années, il vous étudie à votre insu, et aujourd'hui, il utilise tout ce qu'il sait de vous pour agrémenter ses remarques dirigées contre les parents. Il sait exactement quels actes et quels gestes vous irriteront le plus.

Par exemple, s'il sait que vous attachez de l'importance à ses résultats scolaires, ses notes vont baisser tout à coup sans raison apparente. Si vous êtes rigide et strict en paroles, il va raconter à table des histoires et des plaisanteries de corps de garde.

Je ne suis pas non plus près d'oublier la façon dont mon fils Randy savait m'imiter à cet âge, en disant : « Mes enfants, laissez-moi vous expliquer comment réussir dans la vie en suivant mon exemple. N'hésitez pas à travailler beaucoup comme je l'ai fait, utilisez toujours de grands mots quand vous parlez, etc. » J'avoue que je n'appréciais pas beaucoup ses imitations, même si le reste de la famille se tordait de rire.

Il faut vous rendre compte aussi que vos préadolescents ne se contentent pas de vous égratigner en tant que parents, mais en tant que membres du monde des adultes et représentants de son système de valeurs. Le préadolescent a besoin de se libérer de ce système pour asseoir sa propre personnalité d'adulte. Les parents ont donc besoin de savoir qu'ils ne sont en fait que des spectateurs innocents. Je dois avouer que lorsque Randy m'imitait à table devant tout le monde, il était difficile de ne pas prendre cela pour une attaque personnelle. J'avais du mal à me rappeler qu'il voulait se moquer de la société des adultes en général, et pas particulièrement de son père. Et je me répétais : « Je ne suis qu'un témoin innocent ! »

Jusqu'ici j'ai considéré que tous les changements qui s'opèrent chez notre préadolescent sont de nature psychologique, ce qui n'est pas vrai. Ces changements sont aussi biologiques et physiologiques. En effet, sous ces changements de comportement on trouve les forces puissantes de la puberté. Certains parents en parlent même comme si certaines forces mystérieuses de la nature s'étaient emparées de leur enfant et le forçaient à agir d'une manière inexplicable.

« Je ne sais pas ce qu'il a dans la tête », disent les parents abasourdis. Quand un père ou une mère parlent de cette façon, soyez sûr qu'il s'agit de la puberté, même s'ils ne le savent pas.

Bien sûr, puisqu'ils ne peuvent voir que les manifestations extérieures des changements hormonaux et sexuels qui se produisent chez lui.

Quand votre enfant était au stade de la moyenne enfance (entre six et dix ans) son système biologique était généralement équilibré. Mais quand la préadolescence arrive, de puissants mouvements viennent rompre cet équilibre. Votre enfant intensifie son activité. Il vous fait penser à une machine animée d'un mouvement perpétuel : on dirait qu'il est incapable de rester un instant immobile : il passe son temps à s'agiter. Il est sujet à de soudains changements d'humeur, inconnus jusque-là. Il est souvent déçu et vexé, mais la colère est probablement le sentiment négatif qui prédomine en lui.

Il faut que les parents soient conscients des manifestations déplaisantes de la préadolescence — esprit querelleur, repli défensif sur soi-même, mauvaise humeur — signes qui révèlent la recherche d'une nouvelle identité. Et pour la trouver, il lui faut rompre avec celle qui était la sienne quand il était enfant.

A cet âge, la mort d'un des parents peut être désastreuse. Le préadolescent est pleinement conscient de ce que représente la mort et de l'énormité de la perte. Comme l'enfant en fin d'âge préscolaire, il va traverser les mêmes phases de chagrin que nous. Ses réactions visibles dépendent de sa nature et de sa personnalité : elles peuvent varier de l'abattement le plus total à une indifférence apparente. Et comme le processus de deuil est facilité par l'expression des sentiments, l'enfant qui a tendance à se replier sur lui-même aura besoin qu'on l'aide. Cependant, pour certains enfants, c'est une démarche si pénible qu'ils peuvent avoir besoin de quelques séances de thérapie pour évacuer cette rancœur et cette tristesse.

Le préadolescent d'un couple en train de divorcer a souvent du mal à exprimer sa détresse, et son attitude peut ressembler à de la colère. A cet âge, le divorce est un coup terrible, qui provoque un ressentiment intense. Nous avons vu que l'enfant sait toucher ses parents à l'endroit le plus sensible. Dans le divorce il y a beaucoup de points sensibles, et la matière de ces attaques est souvent fournie par les parents eux-mêmes. Ainsi celui qui entend sa mère crier : « Cherche une femme frigide, puisque tu es un partenaire lamentable ! » Le préadolescent enregistrera ces paroles, et à la prochaine occasion il fera lire à son père un article découpé dans un journal en lui disant : « Tiens, papa, lis donc ça. C'est pour soigner l'impuissance. » Si les parents savaient tenir leur langue et éviter de se faire de tels reproches, ils priveraient du même coup leur enfant de ses armes.

Que faire pour garder la tête froide si votre divorce survient au moment où votre enfant est en pleine préadolescence et vous fait subir ses critiques et son attitude rebelle ? Essayez d'abord de ne pas vous sentir visé personnellement. Essayez de ne pas réagir par la défensive, de ne pas vous mettre en colère et de ne pas vous vexer. Essayez plutôt de prendre un peu de recul par rapport à ce comportement. Rappelez-vous que, même dans un foyer uni, il ne se révolterait pas non plus contre vous personnellement mais contre l'autorité des adultes.

Et dans une famille où les parents sont en train de divorcer, ce n'est pas contre vous qu'il se révolte, mais contre le divorce qui le touche de plein fouet. Contrairement à ce qu'on pense, il ne déteste pas son père et sa mère, il déteste le divorce qui est en train de les séparer.

Imaginez que vous marchiez le long d'une rue et que tout à coup un gamin de onze ans que vous ne connaissez pas se précipite sur vous et vous dise : « Vous n'êtes pas belle et je vous déteste, vous êtes méchante. Rien d'étonnant à ce que votre mari vous ait quittée. » Vous resteriez stupéfaite mais vous ne prendriez pas cela comme une attaque personnelle. Essayez donc d'en faire autant quand votre enfant vous dit la même chose.

Deuxièmement, rappelez-vous que ce comportement est normal. Se montrer désagréable est une façon pour lui de démolir son identité d'enfant afin d'en créer une nouvelle.

Troisièmement, n'oubliez jamais que ce stade du développement sera de courte durée : deux ans seulement. Et deux ans seulement, cela n'est pas toute la vie (bien que quelquefois on puisse en avoir l'impression).

Quatrièmement, essayez de chercher la vraie tendresse que cache le comportement détestable de votre préadolescent. En apparence votre enfant ne montre que de l'hostilité. Mais en réalité, c'est de l'amour qu'il veut exprimer. Il se dit au fond de lui-même : « Maman, papa, je vous aime. Je ne veux pas de votre horrible divorce et je le déteste. Je vous en veux à tous les deux parce que vous divorcez. Mais je vous en veux parce que je vous aime. » Quand vous comprendrez cela, vous percevrez tout autrement son comportement. Alors serrez les dents et tenez bon. Et manifestez-lui un peu de l'amour et de l'indulgence qu'il est momentanément incapable de vous montrer. Cela pourra l'aider aussi à franchir cette étape difficile.

L'enfant orphelin comme l'enfant du divorce ont particulièrement besoin de votre compréhension et de votre soutien.

18.

L'ADOLESCENCE

Qu'il s'agisse d'un foyer intact ou monoparental, l'adolescence est sans doute la période la plus difficile pour les parents, pour la simple raison qu'ils ne la comprennent pas. Dans la majorité des cas les parents perçoivent et traitent leur adolescent comme un enfant qui a seulement grandi. Mais ce n'est ni un grand enfant ni un adulte. Sa personnalité se situe entre l'enfance et l'âge adulte. Il s'agit là du processus engagé à la préadolescence, alors que l'enfant s'occupait à détruire son équilibre (et probablement aussi le vôtre) se préparant ainsi à entamer son voyage vers l'âge adulte.

Il faut ajouter que ce mouvement n'est pas linéaire : il ne progresse pas en douceur. Il fait trois pas en avant et deux pas en arrière pour repartir vers l'avant. C'est ce qui rend l'adolescent si déroutant pour l'adulte. Ni le père ni la mère ne savent d'où vient l'adolescent ni où il va. Le plus souvent il ne le sait pas lui-même.

L'anecdote suivante tirée de mes dossiers doit nous permettre d'éclaircir ce concept. La mère d'une adolescente m'a donné cet exemple de ses rapports avec sa fille de quinze ans. Elles se trouvaient toutes les deux dans un magasin pour acheter une robe à la jeune fille qui hésitait entre trois modèles différents et demandait à sa mère lequel lui allait le mieux. Elle réfléchit une minute et finit par lui dire : « Je pense que c'est la bleue. » Elle l'entendit répondre : « Maman, tu essaies toujours de me dominer et de me dire ce que je dois faire. » Dépitée, la mère ne répondit pas. Quelques mois plus tard, alors qu'elle était avec sa mère dans une boutique pour acheter un ensemble, la fille demanda : « Maman, lequel me va le mieux ? » Se rappelant l'épisode précédent, la mère se limita à une réponse prudente : « Je suis sûre que tu peux choisir toute seule », dit-elle. « Oh, maman, s'écria la fille, tu ne veux jamais m'aider quand j'ai besoin de toi. » A ce moment de son récit, la mère a levé les bras au ciel et m'a demandé : « Que feriez-vous avec une enfant qui vous dirait cela ? Je ne la comprends absolument pas. »

En fait si vous comprenez que cette jeune fille est une adolescente, avec une personnalité en pleine transition, tout devient clair. Elle se trouve à mi-chemin entre l'envie d'être enfant et l'envie d'être adulte. Quand elle a voulu décider seule, elle penchait du côté de sa personnalité qui souhaitait être adulte. Elle ne voulait vraiment pas que sa mère décide pour elle à ce moment-là, même si elle venait de lui demander son avis. Mais quand sa mère lui a dit de prendre elle-même sa décision, à ce moment-là elle voulait redevenir enfant. Quand la mère eut compris les changements d'état d'esprit de sa fille, toute l'histoire s'expliqua parfaitement.

Quand vous comprenez que votre adolescent n'est pas une seule mais deux personnes, son comportement s'éclaire. C'est un enfant, mais c'est en même temps un adulte et un perpétuel va-et-vient s'effectue entre les deux. Cet aspect changeant de leur personnalité rend les adolescents particulièrement vulnérables au stress d'une rupture entre les parents, sujet que je vais bientôt traiter plus en détail.

Le travail de développement de l'adolescent consiste à se construire une nouvelle personnalité, un nouvel ego distinct de celui des parents. Au moment où ce jeune individu aura atteint approximativement l'âge de vingt et un ou vingt-deux ans, il sera devenu indépendant de ses parents et de sa famille. Il pourra s'assumer complètement en tant qu'adulte.

Puisqu'il existe d'énormes différences psychologiques entre les jeunes qui entament leur adolescence et ceux qui la terminent, j'ai divisé cette période en deux catégories : les premières années de l'adolescence (de treize à seize ans) et les dernières (de seize à vingt et un ans).

Dans les premières années de l'adolescence, le jeune essaie de répondre à la question : « Qui suis-je ? » au sein de la famille et il le fait en se révoltant. Mais au cours des dernières années de l'adolescence, il cherche la réponse à cette question dans le champ plus étendu de la société qui l'entoure. A cette époque il accomplit aussi deux choix importants : il choisit le début d'une carrière et les partenaires de ses relations sexuelles et sentimentales.

Dans les premières années de l'adolescence, quand survient la puberté, le jeune doit s'adapter non seulement aux changements que les transformations de son style de vie et de sa sexualité entraînent dans son affectivité, mais aussi à son corps en pleine mutation. Un corps très différent de celui auquel il s'était habitué pendant l'enfance. Il se trouve maintenant trop gros, trop maigre, le visage trop arrondi ou trop allongé, trop grand ou trop petit. Ces façons de se percevoir soi-même font que de nombreux adolescents se sentent mal dans leur peau et stupides en public. Alors même que vous trouvez votre adolescent « bien », il n'est pas du tout de cet avis. C'est pourquoi il (ou elle) séjourne si longtemps dans la salle de bains, à inspecter son visage sous toutes les coutures, et pas particulièrement satisfait par ce qu'il voit !

Les transformations corporelles de votre adolescent sont causées par les glandes sexuelles qui commencent à fonctionner. Bien qu'il y ait d'énormes variations entre les jeunes, les filles entament généralement leur puberté plus tôt que les garçons. Ces nouvelles pulsions sexuelles font peur aux filles comme aux garçons. Mais ni les uns ni les autres n'admettront qu'ils éprouvent de la crainte.

La fille dont le développement sexuel et la croissance surviennent ou très tôt ou très tard a souvent plus de difficultés que les autres à accepter ces changements. La fille dont la formation intervient tôt trouve que son physique presque adulte l'éloigne de ses amies. Elle éprouvera peut-être un sentiment de culpabilité à propos de ces sensations nouvelles et étranges qu'elle découvre en elle-même et qui sont liées à sa sexualité. A l'opposé, la fille qui connaît une puberté tardive rencontre aussi des problèmes. Elle ne peut pas comprendre l'intérêt soudain que ses camarades manifestent pour les garçons. Elle a tendance à se sentir mise à l'écart par ses amies.

Un développement sexuel précoce perturbe moins les garçons que les filles. Une des raisons en est que les changements corporels qui s'opèrent chez un garçon sont moins traumatisants que l'apparition des règles chez la fille et le nouvel aspect de son corps. Mais un garçon dont la formation est tardive peut aussi être perturbé si ses camarades se moquent de lui à cause de son absence de vie sexuelle.

En plus de devoir s'adapter à ses nouvelles pulsions sexuelles et à la nouvelle image de son corps, le jeune entame le processus qui doit le libérer de la dépendance affective de ses parents.

La clé pour comprendre l'adolescent réside dans ce balancement incessant entre le besoin profond de devenir autonome et le désir de garder le statut de dépendance qu'il a connu jusque-là. Votre enfant a passé toute sa vie avec vous : rien d'étonnant à ce qu'il trouve extrêmement pénible de briser ce lien.

La façon la plus caractéristique de rompre avec les parents consiste à se révolter et à critiquer leurs défauts. Mais l'adolescent est encore trop peu sûr de lui pour pouvoir assumer complètement ses sentiments alors qu'il est en train de briser ses anciennes attaches. Le groupe des camarades de son âge va lui fournir le support et le soutien affectif dont il a besoin.

Dans tout adolescent il existe un grand idéaliste qu'on avait toujours ignoré. Les parents qui le considèrent comme parfaitement égoïste passent à côté de cet idéalisme qui est pourtant un élément crucial de sa psychologie. C'est une qualité attachante à laquelle il faut être sensible, car c'est un aspect sympathique de sa personnalité. Par exemple, il s'intéressera tout à coup aux problèmes sociaux et à ce qu'il peut faire pour les résoudre. Cet idéalisme risque de vous embarrasser quand il l'utilisera pour condamner certaines de vos actions qu'il considère comme critiquables (et que vous trouvez tout à fait normales) telles que mentir pour excuser son absence, régler un achat sans facture, ou simplement exprimer une opinion qu'il ne partage pas.

Quinze ans : l'âge typique où votre adolescent veut

jouer au psychologue amateur. Il focalise son attention sur les professeurs et sur les parents. Il essaye de s'imaginer pourquoi les gens agissent comme ils le font. Si son père et sa mère divorcent, c'est pour lui une mine d'or sur le plan psychologique, et il juge leur comportement avec une acuité remarquable. Bien entendu il dira d'un air convaincu qu'il fait ses remarques par amour et pour le bien de ses parents. Avec un peu d'hostilité peut-être ? Mon Dieu, non, au grand jamais !

Il est difficile pour les parents d'un adolescent de constater qu'il n'est plus « neutre », mais animé soudain d'un puissant élan émotionnel et sexuel. Et il ne leur est pas facile de modifier complètement leur attitude.

Si les parents pouvaient dire tout haut leurs pensées les plus secrètes, cela donnerait à peu près : « J'ai beaucoup travaillé pour donner à mon enfant tout ce qu'il y a de mieux, et comment suis-je récompensé ? La maison n'est plus qu'un hôtel où il vient manger, dormir et parler au téléphone pendant des heures. Le reste du temps, il ne fait que nous critiquer ! Après tout ce que nous avons fait pour lui, comment peut-il nous traiter de cette façon ?

A l'occasion, vous aurez remarqué que les conversations téléphoniques (tout en écoutant de la musique) sont le sport d'intérieur favori de votre adolescent. Parler avec ses amis est pour lui une des façons les plus directes d'apprendre la psychologie humaine et les relations sociales.

C'est malheureusement au cours de l'adolescence que l'usage de la drogue risque de s'introduire, si cela n'est pas déjà fait. C'est ce dont je vais vous entretenir maintenant : je veux parler des drogues qui altèrent le comportement psychologique. Essayons d'abord de définir l'expérimentateur, l'habitué de la drogue et le drogué. L'expérimentateur est celui qui a essayé une ou deux fois la drogue par curiosité et n'a pas insisté. Je dirai qu'à peu près 90 % des jeunes ont fait cette expérience pendant l'adolescence ou juste avant.

L'habitué a dépassé le stade de l'expérimentation et utilise la drogue pour satisfaire des besoins psychologiques. La drogue est pour lui un véritable soutien. Parfois un adolescent très traumatisé par une crise familiale telle qu'un divorce ou un deuil va se tourner vers la drogue qui lui permettra d'éviter temporairement de faire face à ses problèmes. L'euphorie apportée par la drogue lui permet de compenser la déprime causée par ses problèmes familiaux.

Un drogué est celui qui utilise une drogue entraînant une dépendance physique ou psychologique. L'exemple classique d'une telle drogue est l'héroïne. La cocaïne aussi, une fois passé le stade de l'expérimentation.

A mon avis, les parents doivent être très vigilants et agir énergiquement si leur adolescent est un habitué de la drogue ou drogué, mais ils n'ont pas besoin de trop s'inquiéter pour l'expérimentateur occasionnel. Dans ce dernier cas, dites-lui tout de même très clairement que vous êtes contre tout usage de la drogue.

Les adolescents essaient la drogue par curiosité, parce qu'ils veulent faire comme les autres pour trouver des sensations nouvelles, ou parce que l'occasion se présente à eux. Ils en viennent à compter sur elle parce qu'il y a un « manque » dans leur personnalité, un défaut dans leur estime de soi.

Pour empêcher un adolescent de devenir un habitué de la drogue, le mieux que vous puissiez faire est de lui apporter par son éducation une personnalité saine du point de vue psychologique en appliquant les conseils suivants :

En premier lieu, la qualité et la force de vos rapports avec vos enfants est la meilleure des sauvegardes contre l'usage éventuel de la drogue. Si l'enfant entretient avec ses parents une forte relation d'amour, il aura toutes les chances de traverser normalement la rébellion de l'adolescence. L'usage habituel de la drogue montre que l'adolescent a dépassé le seuil de la rébellion normale.

En deuxième lieu, vous pouvez l'aider à ne pas céder à l'usage de la drogue en maintenant avec lui des relations franches et ouvertes pendant toute cette période. Cela n'est pas toujours facile, mais il faut essayer d'y parvenir à tout prix.

Troisièmement, assurez-vous qu'il recevra une information sérieuse et précise sur la drogue pendant les années qui précèdent l'adolescence. Prenez-en connaissance vous-même afin de pouvoir en discuter avec lui. Trop souvent en effet, le jeune connaît la drogue par l'intermédiaire de camarades mal informés, ou au moyen de renseignements erronés. Seule une information précise et claire qu'il sait être vraie l'aidera à évaluer ce qu'il entendra dire par ailleurs.

Mais que faire si vous découvrez que votre enfant est accroché à la drogue ? Je pense que ce problème est tellement grave qu'il ne faut pas essayer de le résoudre par vous-même. Consultez un psychologue, un psychiatre ou une assistante sociale. Même s'il faut pour cela vous déplacer, n'hésitez pas. L'usage habituel de la drogue étant causé par un manque dans l'estime de soi, il vous faut absolument avoir recours à un spécialiste.

Maintenant que nous avons parlé des drogues psychoactives, nous allons aborder un autre type de drogue : l'alcool. L'alcool affecte l'esprit autant que le corps, mais on ne le range pas dans la même catégorie que les autres drogues. C'est peut-être parce que l'usage en est autorisé pour les adultes. Curieusement, certains parents se sentent concernés par la drogue mais restent indifférents devant les dommages que peut causer l'alcool. Ils négligent son effet d'accoutumance et la perte de conscience qu'il provoque. Les adolescents ont souvent tendance à « forcer la dose » de tout ce qui est amusant ou « stimulant », comme l'alcool. Boisson et jeunesse font un mélange dangereux, particulièrement en voiture. Je connais un adolescent qui, conduisant ivre mort en rentrant d'une soirée, a quitté la route et a heurté un arbre. La voiture complètement détruite, il s'en est tiré par miracle. Nous connaissons tous des cas semblables d'accidents provoqués par l'alcoolisme chez les jeunes.

Votre meilleure garantie contre les dangers de la drogue et de l'alcool chez votre adolescent consiste à avoir avec lui un solide rapport affectif, et à l'aider à développer le sens de sa propre valeur. Car la drogue ou l'alcool ne sont après tout que les tristes substituts chimiques de votre affection. Ils agissent aussi comme un soutien pour celui qui n'a pas encore appris à marcher seul.

Si nous abordons maintenant le comportement sexuel de l'adolescent, nous devons constater à quel point les choses ont changé au cours des vingt dernières années. La sexualité est devenue beaucoup plus libre. Que les parents soient d'accord ou non, le fait est là. L'étude du docteur Sorenson sur la sexualité de l'adolescent * traite

* *Adolescent Sexuality in Contemporary America,* New York, World, 1973.

à fond de cette question et remet à jours nos idées. Il dit, par exemple, que 52 % de tous les jeunes entre treize et dix-neuf ans aux États-Unis ont eu des rapports sexuels. Pour près de 40 % d'entre eux, le premier rapport sexuel a eu lieu chez le garçon ou chez la fille, et pour 40 % dans une voiture. 71 % des garçons et 56 % des filles ont eu leur première expérience sexuelle aux alentours de quinze ans. Seulement 5 % des garçons et 17 % des filles attendent d'avoir dix-sept ou dix-huit ans pour avoir leur premier rapport sexuel.

Cette étude montre aussi qu'une importante minorité d'adolescents obéissent toujours aux vieux interdits. 21 % des adolescents n'ont aucune expérience sexuelle. En tant que psychologue, je ne saurais dire quelle attitude éthique ou religieuse est la meilleure pour vous. Nous vivons dans une pluralité de principes moraux et religieux et nous ne possédons pas de consensus en matière de sexualité. De ce fait on peut distinguer chez les parents quatre types d'attitude. Cette classification s'applique aussi bien aux familles intactes qu'aux familles monoparentales.

La première de ces attitudes consiste à croire que la sexualité ne doit exister que dans le mariage. Comme vous pouvez en juger d'après l'étude du docteur Sorenson, seule une petite minorité d'adolescents applique ce principe.

La seconde attitude consiste pour les parents à pratiquer la politique de l'autruche. Ils sont parfaitement au courant de ce que font leurs adolescents, mais ils se mettent la tête dans le sable et font semblant de ne pas savoir.

Le troisième groupe est celui des parents réalistes. Ils disent en effet : « Je pense que tu n'es pas assez mûre pour avoir des rapports sexuels, mais pour éviter une grossesse non désirée, nous voulons que tu sois informée des méthodes de contraception. Nous ne sommes pas partisans d'une vie sexuelle à ton âge, mais si tu dois en avoir une, nous voulons que tu sois protégée. »

On trouve enfin un quatrième groupe de parents qui disent : « Quand j'étais adolescent, on ne parlait jamais de ces questions-là. A la maison personne ne m'en a rien dit. Je faisais des choses à l'insu de mes parents ; je me sentais coupable et je vivais souvent dans la crainte. Je ne veux pas que tu connaisses les mêmes angoisses. J'espère que tu pourras établir une relation affective sérieuse et profonde avec quelqu'un avant d'avoir des rapports plus intimes. Je voudrais aussi que tu fasses un mariage heureux fondé naturellement sur une vie sexuelle épanouie. Je voudrais t'éviter le danger d'une maternité non désirée, que tu sois mariée ou non. Et c'est pour cette raison que je veux t'informer au sujet du contrôle des naissances.

« Il est essentiel aussi que tu te protèges du sida. Malgré les progrès de la science, nous en savons encore peu de chose, si ce n'est que tout malade atteint du sida meurt. Il n'y a aucun cas de guérison.

« On sait que le sida se transmet au cours des rapports sexuels. La seule façon de s'en protéger est d'utiliser un préservatif. Si tu as des rapports sexuels avec une personne qui a connu de nombreux partenaires, tu augmentes tes risques d'avoir le sida. En matière de vie sexuelle, le plus sûr est de limiter ses relations à un seul partenaire non contaminé.

« Les recherches sur le virus du sida sont menées dans le monde entier. Il faut se tenir au courant en consultant les brochures et les notices disponibles dans les hôpitaux. »

Les conclusions du docteur Sorenson sur le comportement sexuel des adolescents risquent de vous inquiéter. Peut-être regrettez-vous sincèrement l'époque où les parents n'avaient pas à se préoccuper d'une si grande liberté chez leurs enfants. Mais puisqu'il est impossible de revenir en arrière, il vous faut faire face à la situation du mieux que vous pouvez.

En tant que parent seul, il vous semblera peut-être difficile de régler les problèmes de l'adolescence. C'est là que les groupes de soutien peuvent vous aider. Échangez vos idées et vos problèmes avec d'autres parents et apportez-vous mutuellement les encouragements dont vous avez besoin.

Voilà donc le portrait de votre adolescent : dérouté et déroutant ; quelquefois adorable mais plus souvent rebelle ; déjà mûr sur le plan sexuel ; ayant peut-être déjà essayé la drogue ; difficile à contrôler dans une famille unie, et parfois plus encore au sein d'un foyer monoparental.

Pour un adolescent, la mort d'un des parents représente une perte terrible. Sa réaction à ce deuil dépendra du degré de maturité qu'il aura atteint. Si la mort d'un des conjoints intervient au moment où il est en pleine rébellion et se tient à l'écart de ses parents, la culpabilité, la colère et la tristesse risquent de l'accabler complètement. Si le père ou la mère meurt quand le jeune a déjà trouvé sa stabilité personnelle, sa réaction prendra généralement la même forme que la vôtre, et évoluera dans le même espace de temps vers l'apaisement et la résignation. Votre adolescent sera pour vous une précieuse compagnie si vous partagez les mêmes sentiments. Mais s'il n'a pas la force de le faire, respectez sa réaction personnelle. Il se peut que plus tard, quand il aura davantage confiance en lui-même en tant qu'individu, il se rapproche de vous.

Un adolescent a besoin de la présence permanente et rassurante de ses parents durant toutes ces années orageuses ; la mort d'un des parents le prive de l'un de ses supports essentiels. Celui qui reste va devoir assumer seul le soutien de l'adolescent, et sera doublement désemparé de subir toutes les tentatives de son enfant pour s'affirmer et se définir. De même que pour toutes les autres manifestations de l'adolescence, vous vous retrouverez bons amis quand elles seront passées, même si vous restez toujours la mère.

Vivre avec des parents en train de divorcer provoque bien entendu une grande perturbation chez un adolescent. Comme pour celui qui a perdu un de ses parents, il lui manque l'environnement psychologique complet que seule la présence des deux parents peut apporter. Il a besoin de se retremper de temps en temps dans l'atmosphère d'un vrai foyer pour régénérer son affectivité et trouver le courage d'affronter l'étape suivante vers l'indépendance.

Des parents en cours de divorce sont eux-mêmes en manque d'affection et de ce fait ne peuvent offrir un environnement familial solide et rassurant. Cette situation engendre une violente rancœur chez l'adolescent qui éprouve le sentiment pénible d'être abandonné. Le processus du divorce empêche aussi les parents de s'occuper des autres membres de la famille. Lorsque vous et votre conjoint êtes préoccupés par vos problèmes et soucieux de maintenir votre équilibre personnel, votre adolescent peut se sentir seul et désemparé face à ses pulsions et à ses sentiments. Ce qu'il demande, c'est force et franchise de votre part au moment où il risque de quitter la bonne voie. On peut dire la même chose de l'adolescent qui a perdu son père ou sa mère : il ressent un besoin très fort des parents, alors même qu'ils ne peuvent y répondre.

Autre délicat problème entre un adolescent et ses parents en instance de divorce : il les perçoit tout à coup en tant qu'homme et femme. Ordinairement un adolescent considère ses parents comme asexués. Mais à l'occasion du divorce tout change. Comme me l'a dit un jour une jeune fille de dix-sept ans : « Cela fait des années que ma mère me dit de rester pure et innocente. Et vous savez ce qu'elle m'a dit hier soir ? Que pendant tout le temps de son mariage elle avait été frustrée sexuellement et qu'elle comptait bien se rattraper maintenant. Je suis restée stupéfaite et je lui ai dit que je ne voulais plus l'entendre parler de ça ! »

Quelquefois les parents divorcés paraissent aux yeux de leurs adolescents rechercher leur seul plaisir, et leur confient même leurs aventures. En général un jeune supporte fort mal de voir ses parents occupés à satisfaire leurs désirs personnels alors qu'ils ne jouent plus auprès de lui le rôle équilibrant et rassurant qu'il attend d'eux.

La liberté sexuelle des parents peut aussi perturber un enfant qui les avait toujours considérés autrement. Il les verra tout à coup comme des hypocrites, abandonnant les valeurs qu'ils lui avaient inculquées sans y croire.

Un divorce survenant au moment où les enfants sont adolescents sera plus difficile à gérer, à la fois pour eux et pour les parents, et cela pour plusieurs raisons dont certaines sont valables aussi pour une famille qui a connu un décès.

Les adolescents, et surtout les filles, sont très perturbés quand ils découvrent que leur père fréquente une femme beaucoup plus jeune que lui, en particulier s'il y a peu de différence d'âge entre elle et eux. Si tel est le cas de votre ex-mari, essayez d'adopter une attitude aussi neutre que possible à son égard. Si vous le condamnez, comme ils le font eux-mêmes, vous les privez du rôle positif que le père peut jouer auprès d'eux comme modèle. Dites plutôt dans ce cas : « Cela n'est pas étonnant qu'un père soit bouleversé, autant qu'une mère, par son divorce. S'il se tourne vers une femme plus jeune, c'est pour affirmer sa virilité. »

Tous les parents ont des problèmes avec leurs enfants au moment de l'adolescence, mais sans doute encore plus après un divorce.

En premier lieu, ils ont généralement fait admettre un régime de sanctions quand les enfants étaient plus jeunes. Désormais ce système ne fonctionne plus, et les parents sont en difficulté s'ils n'ont pas mis en pratique d'autres façons de les contrôler.

En second lieu, les adolescents ont une personnalité beaucoup plus forte et tiennent tête à leurs parents.

Troisième raison : ils manifestent déjà à cette période de leur vie un comportement de rébellion. Si vous y ajoutez un divorce, la révolte contre les parents va être décuplée.

Quatrièmement, l'adolescent est à l'âge où un des parents a le plus de facilité à dresser l'enfant contre son ex-conjoint. S'il parvient à ne pas prendre parti, c'est au prix d'un effort psychologique considérable.

Ordinairement c'est un des parents — et non pas le jeune — qui prend l'initiative de cette prise de parti. Il s'agit pour l'adolescent d'une épreuve terrible, qui le prive de la liberté d'aimer ses deux parents. Si vous résistez à la tentation de forcer votre enfant à choisir, vous lui ferez un grand cadeau. Et si c'est le père qui amène l'enfant à prendre parti contre vous, il n'y a pas grand-chose à faire. N'essayez pas de lutter ; contentez-vous d'être vous-même et attendez qu'il change d'attitude à votre égard. C'est généralement ce qui se produit avec le temps.

A l'opposé, on trouve l'adolescent qui tente par tous les moyens de vous réunir, vous et votre mari. Il utilise toutes sortes d'arguments et promet n'importe quoi pour y parvenir. Au point que vous serez tentée de reprendre la vie commune pour lui faire plaisir, ce qui serait dans tous les cas une grave erreur. Reprenez la vie commune seulement si vous êtes tous les deux d'accord pour le faire, le moment venu.

Cinquièmement : les parents sont considérés comme des hypocrites par les adolescents à cause de leurs accès de colère, de leurs mesquineries et de leur nouvelle vie sexuelle. Tout ce que les parents punissaient, voilà qu'ils le font maintenant, et leur autorité s'en trouve gravement ébranlée.

Sixièmement : si votre adolescent pense que votre comportement a été la cause de la rupture et vous en fait le reproche, vous serez tenté(e) de vous défendre en faisant remarquer que vous n'êtes pas seul responsable de ce divorce. Mais une analyse rationnelle de la question ne vous sera d'aucune utilité dans ce cas. La seule chose qui puisse vous aider, c'est encore la bonne vieille technique du feed-back. Voici par exemple comment le pratiquer avec un adolescent qui vous adresse des reproches :

Gaëlle : « Maman, j'ai beaucoup réfléchi et je me rends compte que c'est toi la seule responsable du divorce. »

La mère : « Alors tu penses que je suis la cause de toute l'histoire. »

Gaëlle : « Oui. J'en ai parlé à papa et il pense que je suis assez grande pour comprendre les vraies raisons du divorce. » (A ce moment-là, vous avez envie de préparer un café au cyanure et d'inviter votre mari.)

La mère : « Alors tu penses que ton père t'a vraiment bien informée sur ce qui s'est passé entre nous ? »

Gaëlle : « Bien sûr ! Et cela me rend folle de penser à tout ce que tu lui as fait subir. Il dit que pas une seule fois pendant votre mariage tu ne lui as manifesté la moindre affection. »

La mère : « Il pense donc que je n'ai jamais cherché à montrer que je l'aimais. »

Gaëlle : « Et ce n'est pas tout ! Je ne devrais pas t'en parler, mais il m'a dit que tu as toujours été frigide. »

La mère : « Il dit que là aussi j'ai tous les torts ! Eh bien, il est certain que tu dois me croire responsable de l'échec de notre mariage. C'est ce que tu penses aujourd'hui, mais peut-être qu'un jour tu changeras d'avis. Il faut en parler, pour que tu puisses me dire tout ce que tu en penses, et tu as bien fait d'aborder ce sujet. »

Voilà, à mon avis, l'exemple d'une bonne conversation au cours de laquelle la mère a marqué plusieurs points.

Tout d'abord, elle n'a pas cherché à se défendre. Si elle l'avait fait, la fille aurait trouvé des arguments encore plus forts pour justifier son opinion.

Deuxièmement, elle n'a pas cherché à discuter avec sa fille. La discussion est inutile en pareil cas.

Troisièmement, elle a félicité sa fille de sa franchise. Elle ne pouvait rien faire d'autre que d'attendre que sa fille change d'opinion, chose impossible dans l'immédiat.

Bien entendu, on ne rencontre pas toutes ces éventualités dans chaque divorce, mais assez souvent pour que la famille s'en trouve perturbée.

La réaction immédiate d'un adolescent au divorce ou à la disparition d'un des parents peut aller de l'effondrement à une soudaine maturité. Certains jeunes se replient sur eux-mêmes. Certains ne peuvent contrôler leurs sentiments. Certains se culpabilisent au point d'être déprimés. Certains encore continuent leur vie sans paraître trop affectés. D'autres enfin deviennent plus vite adultes.

La vague retombera et la vie reprendra son cours normalement. Mais si votre adolescent réagit trop violemment à la rupture familiale, ou s'il continue à trop exprimer ou trop réprimer ses sentiments après plusieurs mois, consultez un psychologue pour l'aider à retrouver son équilibre et à fortifier son estime de soi.

VOTRE NOUVEAU MOI

19.

LA DÉCOUVERTE DE VOTRE PERSONNALITÉ CACHÉE

Vous allez peut-être vous poser des questions en lisant le titre de ce chapitre et vous demander : « Qu'est-ce que ce nouveau " moi " caché et quel rapport cela a-t-il avec ma situation de mère seule ? »

A votre naissance, vous étiez riche de possibilités qui n'ont jamais été exploitées. En grandissant, vous en avez développé quelques aspects. Quand vous vous êtes mariée, votre personnalité a changé en réponse à celle de votre mari.

Il y a quelques années, je me suis occupé d'une femme de quarante-deux ans mariée depuis seize ans. Son mari vint me voir une fois puis refusa de revenir. Cette femme aimait le cinéma, le théâtre et les concerts. Son mari détestait tout cela. La seule chose qui lui plaisait était d'aller au restaurant — pas pour manger une cuisine dépaysante, russe, japonaise ou marocaine. Un bon dîner avec un steak ou une côte de bœuf, voilà ce qui lui plaisait. Leurs seules sorties se limitaient à ce genre de distraction. Inutile d'insister sur toutes ses autres façons de la blesser ou de la rabaisser.

Après deux années de psychothérapie, elle décida qu'elle ne pouvait plus vivre dans un cadre aussi rigide.

Son mari n'avait fait aucun effort et elle pensa qu'il valait mieux se libérer de cette union malheureuse. Dès qu'elle se fut séparée de lui, ce fut une véritable orgie de spectacles. Elle était si heureuse qu'elle n'hésita pas à me dire : « Je me rends compte que je n'ai jamais eu la possibilité d'être moi-même pendant mes années de mariage. C'est la première fois que je fais ce que je veux. »

C'est peut-être un cas extrême, mais nous ajustons tous plus ou moins notre personnalité à notre conjoint. Voici quelques exemples : vous êtes mariée à un alcoolique. Consciemment ou non, vous refoulez votre personnalité pour vous conformer à son style de vie et à ses problèmes. Vous êtes mariée à un bourreau de travail. Comme vous ne pouvez partager l'essentiel de sa vie, vous devez vous créer une vie intéressante pour vous et vos enfants.

Ou bien vous êtes mariée à un homme passif qui rentre tous les soirs à la maison pour s'asseoir devant la télévision. Vous avez parfois envie de hurler : « Faisons quelque chose de plus intéressant au lieu d'être plantés devant ce poste ! » Mais vous ne voulez pas de heurts et vous vous asseyez dans un fauteuil et jouez le rôle de la femme heureuse de regarder la télévision.

Si votre mari a l'air de ne pas aimer ce que vous faites, vous y renoncez. Il en résulte que de nombreux aspects de votre personnalité ne s'épanouissent jamais. C'est une des raisons pour lesquelles les psychologues se sont aperçus que la plupart des gens n'exploitaient qu'un tiers de leur vraie personnalité. Ce n'est pas vrai pour tout le monde, bien sûr.

Laissez-moi maintenant vous tracer un autre portrait de vous-même. Vous débordez d'enthousiasme pour tout ce que vous entreprenez, et vous ne craignez pas la nouveauté. Vous êtes pleine d'allant. Vous êtes dévorée de curiosité pour le vaste monde et désirez apprendre tout ce que vous pouvez. Vous savez exprimer tous vos sentiments, pouvez donner votre amour et recevoir celui des autres. Votre confiance en vous est suffisante pour vous permettre de former de nouveaux projets avec plaisir.

Vous allez peut-être dire : « Non, ce n'est pas moi. Mais c'est comme cela que je voudrais être. » Et, de façon surprenante, il y a eu une époque de votre vie où cela reflétait vraiment votre personnalité. C'est ainsi que vous étiez quand vous avez fait vos premiers pas, vers un an ou un an et demi.

Tous les jeunes enfants possèdent ces caractéristiques, vous les avez eues aussi. Que s'est-il donc passé ? Il y a eu les parents, la famille, les voisins, l'école : tous s'y sont mis pour vous forcer à n'être que l'ombre de ce que vous auriez pu être.

Le jeune enfant ne craint pas d'être ce qu'il est. Mais vous, en tant qu'adulte, vous avez peur, comme la plupart des gens. Depuis l'enfance, on vous a habituée à adapter votre personnalité aux autres et c'est bien dommage !

Pensez à ceci : vos empreintes digitales ne ressemblent à aucune autre. Et votre vraie personnalité est unique et différente de celle de tous les individus vivant sur cette terre. Ces aspects de vous-même que vous n'avez pu manifester sont votre *moi caché* — ce moi merveilleux et passionnant que vous pouvez exprimer !

Voici encore un autre exemple. J'ai reçu en consultation une femme de la quarantaine. Elle venait de se séparer de son mari et était en train de divorcer. Après environ trois mois d'entretiens, elle arriva un lundi en m'annonçant qu'elle allait se mettre à la peinture à l'huile. Elle n'avait jamais rien fait de pareil auparavant, mais elle avait toujours rêvé d'une activité créatrice. Elle se sentait maintenant libre de le faire. Dans les mois qui suivirent, elle prit des cours et consacra la plus grande partie de son temps libre à peindre des marines. Puis elle se joignit à un groupe de critique littéraire et commença à faire de nouvelles rencontres. Puis elle s'inscrivit à un cours d'histoire de l'art. A un certain moment, elle se rendit compte qu'elle n'avait plus besoin de me consulter, puisqu'elle s'était orientée dans la direction qu'elle souhaitait.

Trois ans plus tard, je la rencontrai par hasard dans un grand magasin. Elle n'avait plus ce visage tiré que je lui avais connu lors de ses premières visites. Elle rayonnait de bonheur à présent. Elle s'était remariée, et elle me dit fièrement qu'elle continuait à peindre. Mais elle ne se limitait plus aux paysages marins. « Je dois vous remercier pour tout cela », me dit-elle. « Non, c'est vous seule qu'il faut remercier », lui répondis-je.

Pendant son premier mariage, elle avait réprimé sa personnalité. Mais après son divorce, elle s'était autorisée à s'épanouir.

Qu'est-ce que tout cela veut dire dans *votre* cas ? Que vous ne devriez pas commettre l'erreur d'essayer de reconstruire la même personnalité qu'avant le passage de la tempête ; vous avez beaucoup plus de capacités que vous ne le croyez.

Qu'allez-vous faire maintenant ? TENTEZ DE NOUVELLES ACTIVITÉS ! Les groupes de soutien affectif que j'ai déjà mentionnés dans ce livre peuvent en faire partie. Ne vous dites pas : « Je n'ai jamais rien fait de tel jusqu'à maintenant. Je sais seulement que j'en suis incapable. » Au contraire, essayez ! Dites-vous : « Le pire qui puisse arriver c'est que ce groupe ne marche pas, mais je ne serai pas moins bien que maintenant !

Joignez-vous à d'autres groupes qui ne vous avaient guère intéressée jusque-là : club photo, club de camping, club de gymnastique, club de danse. S'il s'avère que cela ne vous plaît pas, abandonnez. Mais vous aurez le plaisir de la découverte et ils vous aideront à explorer les parties cachées de votre personnalité.

Et puis, il y a votre vie sexuelle. Voilà une partie bien secrète de vous-même. En tant que psychologue, j'ai entendu tant de patients, surtout des femmes, me dire : « Je n'ai jamais su ce qu'était vraiment la sexualité avant mon divorce. » Par exemple, une femme avait, pendant des années, accepté avec réticence les avances de son mari et refusé ses demandes d'autres initiatives. Ce qu'elle n'avait pas compris, c'est qu'en réalité elle ne rejetait pas la sexualité et les expériences nouvelles mais seulement les manières brutales et dépourvues de sentiments de son mari. Quand elle eut plus tard une liaison avec un homme doux et plein de délicatesse, qui lui aussi cherchait des expériences sexuelles nouvelles, elle s'aperçut que cela lui plaisait.

Faites vôtre cette devise : « Expérimentez ! » Gardez un esprit libre et ouvert. Essayez n'importe quoi à condition que ce ne soit ni illégal ni immoral ni toxique ! Si vos moyens vous le permettent, laissez-vous guider par un psychologue ou un psychiatre, pour arriver à trouver votre véritable moi. Si vous le pouvez, voyez-le une fois par semaine, mais si vous ne pouvez pas payer davantage, contentez-vous d'une seule fois. Cela vous aidera à découvrir votre moi potentiel.

Je sais très bien que beaucoup de mes suggestions ne sont pas faciles à réaliser. Il faut du courage pour faire ce grand saut en avant en pays inconnu. Mais c'est possible et les résultats peuvent être très bénéfiques. Je peux vous dire que c'est vrai car j'en ai fait moi-même l'expérience.

J'avais quinze ans et j'étais élève en deuxième année de lycée : un ami réussit à me convaincre de choisir l'option journalisme à la place des lettres. Il me persuada en me disant que c'était beaucoup plus facile. Je choisis donc cette option puis mon ami me suggéra d'écrire dans le journal de l'école. Je me regimbai en disant que je n'avais jamais rien fait de semblable et que je ne pourrais jamais écrire dans un journal. Mais il insista tellement que je finis par céder.

Le rédacteur m'envoya à l'autre bout de la ville écrire un papier sur l'équipe de basket des étudiants de première année. Lorsque le journal sortit la semaine suivante, surprise, mon article y figurait. On en avait retiré les trois quarts mais c'était tout de même le mien. Je continuai à écrire et je devins assistant-rédacteur sportif l'année suivante. La troisième, c'était moi qui était devenu le rédacteur sportif. Puis je devins directeur de la rédaction. Si on m'avait dit, la première année, « Quand tu passeras ton diplôme, tu seras responsable du journal de l'école », j'aurais répondu que c'était de la folie. Je ne l'aurais pas cru car certaines voix me disaient intérieurement : « Tu ne sais pas écrire. Tu ne peux pas faire ça. » Sans l'insistance de mon ami, je n'aurais même pas essayé. Et maintenant, j'ai écrit dix livres ! On ne sait donc jamais avant d'avoir essayé.

La même chose m'est arrivée avec le roman. Après être devenu auteur, je me disais : « Dodson, tu réussis dans les œuvres non romanesques mais tu n'as aucun talent pour écrire des romans. » Et puis, il y a six ou sept ans, pour quelque raison obscure, j'ai essayé. Et cela a marché. Je ne réussis pas aussi bien comme romancier mais, avec mon amie Paula Reuben, j'ai écrit un livre de science-fiction pour les enfants de huit à quatorze ans. Si vous m'aviez demandé dix ans plus tôt si j'étais capable de le faire, j'aurais sûrement répondu non. Et je me serais autant trompé sur moi-même qu'à l'âge de quinze ans — ou comme vous pourriez le faire à propos d'aspects ignorés de votre personnalité.

Si vous êtes du genre timide, vous aurez même des difficultés à téléphoner et à créer un groupe de mères seules. Mais quand vous serez prête à entamer ce genre d'action pour vous-même, voyez la toujours comme un succès. Imaginez, par exemple, un groupe de huit ou dix femmes réunies dans une pièce et vous en train de participer à la discussion du groupe.

Voici maintenant un procédé qui peut vous aider à créer l'enthousiasme dans votre vie. Prenez une vingtaine de cartes de visite et écrivez sur chacune une idée à expérimenter. Certaines seront des idées « sérieuses », d'autres drôles ou absurdes. Mélangez les cartes dans une boîte et tirez-en une au hasard une ou deux fois par semaine et faites ce qui est écrit. Voici quelques exemples pour votre boîte à surprises :

Montez dans un autobus et faites toute la ligne. Choisissez une femme complètement inconnue et engagez la conversation avec elle. Commencez par lui demander comment se rendre à un endroit que vous connaissez déjà.

La fois suivante où vous vous trouvez dehors et rencontrez une femme habillée d'un vêtement qui lui va particulièrement bien, faites-lui un compliment. Engagez la conversation sur la mode. (Les sujets que vous pouvez aborder avec un inconnu sont aussi nombreux que les grains de sable d'une plage.)

Dirigez vos chants favoris ou une symphonie dans l'intimité de votre maison ; branchez la radio, l'électrophone ou le magnétophone, et battez la mesure. Soyez attentive aux musiciens que vous dirigez.

La plupart des employés de supermarchés ont leur nom inscrit sur un badge. Pendant toute une semaine, quand vous allez faire vos achats, adressez-vous à chaque employé en l'appelant par son nom.

Dans une réunion ou à un cours, repérez une personne qui vous semble intéressante et engagez la conversation sur le sujet traité. Puis proposez-lui de prendre un café ensemble.

Ce qui compte, c'est de faire ce que vous n'avez jamais fait. Si vous vous apercevez que cela marche, vous avez enrichi d'autant votre personnalité.

Je vous assure que si vous ne faites rien de tout cela, vous n'en découvrirez jamais toutes les ressources. Vous ne connaîtrez jamais votre véritable moi.

Ne pensez pas que ces exercices soient stupides. Ils sont en un sens très réalistes et ils vous aideront à agir différemment. Quand la solitude vous étreint, c'est un des meilleurs antidotes qui soient.

Je ne vous promets pas de « miracle instantané ». Vous n'allez pas vous endormir inhibée sexuellement et vous réveiller le lendemain matin libérée et pleine d'ardeur. Je me souviens d'un homme qui participait à une thérapie de groupe et confia à ce groupe qu'il avait une nouvelle petite amie. Avant d'avoir suivi elle-même une thérapie, lui avait-elle avoué, elle était timide et distante avec les hommes. Il ne doutait pas de sa sincérité mais il ajouta : « Dans mes rapports avec elle, je peux difficilement concevoir qu'elle ait jamais été sexuellement inhibée ! »

On peut donc changer. Vous aussi, mais il faut que ce soit peu à peu.

En ce moment même, vous êtes peut-être seule depuis peu de temps et vous avez le sentiment que votre vie est un naufrage complet.

Votre mariage avait structuré votre vie. Ne recherchez pas cette ancienne structure. Il faut en créer une nouvelle. La vie vous demande ce que vous allez faire maintenant. Vous allez connaître une vie nouvelle, heureuse et comblée en découvrant votre vraie vocation et en la suivant. Bon courage !

20.

COMMENT GÉRER VOTRE TEMPS

Quand j'étais au lycée, je lâchais mon travail. Mais quand j'entrai à l'université, je compris qu'il fallait que cela change. Pour la première fois de ma vie, je me mis à gérer mon temps. Je pris un grand carton et je le divisai en jours et en heures. Je commençai à placer les moments d'étude à des endroits spécifiques sur mon tableau. L'histoire était la matière que je trouvais la plus difficile, je lui consacrai donc cinq heures par semaine. La géologie était mon point fort, je ne lui accordai donc qu'une heure. Le reste des matières se trouvait au milieu.

J'imaginai aussi d'utiliser chaque moment disponible dans la semaine pour étudier. Je coupai des feuilles de carton en trois et j'écrivis un mot de français d'un côté et sa traduction de l'autre. Comme je passais une demi-heure en autobus pour aller tous les jours à l'université, j'utilisais ce temps pour étudier le vocabulaire français.

Je compris qu'il était important de prendre de l'exercice physique : j'allai donc au gymnase jouer au badminton une heure par jour. Si personne n'était disponible pour jouer avec moi, je m'entraînais seul au basket.

Comme je ne voulais pas me dessécher à étudier, je m'imposai comme règle : jamais le dimanche. Je décidai aussi de ne jamais étudier après dix heures du soir.

Comprenez-moi bien. Malgré un programme d'études strict, j'avais encore assez de loisirs pour être président de l'association des étudiants de première année, rédacteur du journal hebdomadaire, et président du conseil des débats. Il me restait donc beaucoup de temps pour les activités extra-scolaires.

La différence entre le lycée et l'université, c'est que j'avais un plan d'études. C'était inscrit sur mon gros calendrier. Je savais quoi étudier et quand le faire.

Non que je l'aie suivi aveuglément. Si j'avais envie de téléphoner à une copine, je ne m'en privais pas. Ou si j'avais envie d'aller au cinéma, j'y allais. Mais le plan initial me rappelait toujours mes études.

Je pense que ce que j'avais à faire à l'Université n'était qu'un jeu d'enfant en comparaison de ce que représente l'emploi du temps d'une mère qui travaille.

D'une part, il y a beaucoup plus d'événements inattendus. L'enfant tombe malade brusquement ou la baby-sitter décide de partir en voyage sans prévenir.

C'est un emploi du temps difficile à gérer. Ce ne sera possible que si vous planifiez soigneusement. Prenez d'abord un morceau de carton et organisez vos activités.

Puis planifiez-les pour vous simplifier la vie autant que possible.

Réservez-vous une soirée libre au milieu de la semaine pour vous-même. Ayez une remplaçante pour votre baby-sitter. C'est vital ! En fait, ayez même deux remplaçantes, l'une pour votre baby-sitter et l'autre pour la remplaçante !

Regardez maintenant les cases libres et remplissez-les de vos activités hebdomadaires habituelles. Quand vous aurez pris le mouvement, vous serez surprise de voir que votre vie devient plus facile à organiser.

Cela terminé, vous serez prête à accomplir une tâche très importante. Revenez à votre emploi du temps et soyez drastique sur vos activités. Demandez-vous : « Est-il vraiment nécessaire de le faire ? Ai-je vraiment besoin de faire partie de cette association ? » Si la réponse est non, éliminez cette activité.

Une fois que vous aurez commencé à faire marcher le couperet, vous serez stupéfaite de voir comme il est facile de vous ménager de longs moments de liberté dans votre emploi du temps. Vous allez peut-être vous retrouver en train de sauter de joie devant votre planning, à glousser de plaisir en y faisant des coupes sombres.

N'essayez pas de téléphoner le soir même pour annoncer que vous lâchez telle ou telle activité. Donnez-vous une journée de répit afin d'être plus ferme. Puis, prenez le téléphone. N'espérez pas vous libérer facilement de la vice-présidence d'une association. On n'acceptera sûrement pas le simple prétexte que vous ne voulez plus assumer cette charge. Alors dites que vous devez vous occuper de votre mère âgée qui vient de faire une rechute. Ajoutez qu'elle perd ses forces beaucoup plus vite qu'on aurait pu s'y attendre. On ne vous croira peut-être pas mais personne n'aura le front de mettre en doute le stratagème de la mère âgée. Et *ne mettez rien* aux endroits laissés vides par vos habiles découpages. Gardez-les disponibles. Et au fur et à mesure que vous y arrivez, FAITES CE QUE VOUS AVEZ ENVIE DE FAIRE CET APRÈS-MIDI OU CE SOIR-LÀ. Si vous voulez avoir des activités en famille — si vous le souhaitez *vraiment* — alors faites-le. Mais si vous n'en avez pas envie, NE LE FAITES PAS. Faites ce qui vous plaît.

Trouvez des activités dans lesquelles vous voulez vraiment vous engager.

Maintenant, sans aucun doute, la grande différence entre mon planning d'étudiant et le vôtre de mère seule, ce sont les ENFANTS ! Pour affronter cet obstacle terrible, lisez ce que j'ai écrit sur le conseil de famille (pages 70-73).

Achetez-vous un agenda spécial. Vous en trouverez en librairie. Il contient habituellement un agenda mensuel, avec lequel vous pouvez organiser une année entière et un agenda hebdomadaire et quotidien. Vous pouvez aussi utiliser le tableau que vous avez confectionné ou la partie correspondante de votre organigramme. Il y a une section pour les projets, notes personnelles et banque des idées : vous y inscrirez vos réunions, vos pensées du jour et les idées créatrices qui vous traversent l'esprit. Pensez aussi à indiquer les renseignements sur les gens qui jouent un rôle important dans votre vie. La section finances couvre tous les aspects financiers de votre vie. Au lieu d'utiliser des bouts de papier que vous risquez de perdre, mettez vos notes à la section aide-mémoire.

Il y a de multiples calendriers-agendas. Certains sont coûteux, mais cela en vaut la peine.

Laissez-moi vous rappeler ce que vous savez déjà : il y a vingt-quatre heures dans un jour, cent soixante-huit heures dans une semaine, huit mille sept cent trente-six heures dans une année. Ces heures sont neutres. Si vous avez gâché toute votre journée du mardi, il vous restera vingt-quatre heures le mercredi. Vous aurez le choix entre les gaspiller ou en faire bon usage. Cela dépend de vous.

Cela ne vous apportera rien et n'améliorera pas votre

vie ou votre bonheur si vous vous contentez de lire cet agenda.

Prenez connaissance des propositions faites dans ce chapitre et appliquez-les à votre vie de tous les jours. Vous allez trouver une différence spectaculaire. J'espère que vous réussirez. Bonne chance.

21.

LA CULPABILITÉ : VOTRE ENNEMI N° 1

Ce chapitre s'adresse surtout aux parents seuls, divorcés. Mais si vous êtes veuve plutôt que divorcée, les idées abordées s'appliqueront à votre situation. Lisez-le donc et tirez-en ce qui peut être utile.

En tant que mère seule et divorcée vous allez vous trouver confrontée à beaucoup de problèmes : vous devrez éduquer vos enfants, rechercher des activités à l'extérieur pour vous-mêmes, vous faire de nouveaux amis qui seront sans doute dans la même situation que vous, entretenir des relations avec les deux branches de votre famille, sortir avec des hommes et chercher peut-être celui avec qui vous pourrez fonder un jour un nouveau foyer.

Mais vous allez rencontrer un ennemi qui va vous empêcher de faire tout cela de façon satisfaisante. Cet ennemi, c'est le sentiment de CULPABILITÉ.

Ce sentiment peut avoir plusieurs origines. Vous vous sentirez peut-être coupable d'avoir divorcé. Vous considérerez aussi que cela a fait beaucoup de mal à vos enfants. De tels sentiments de culpabilité sont souvent irrationnels. Effectivement, votre vie conjugale a été un enfer et votre mari manifestait peu d'intérêt pour les enfants. Mais de telles vérités empêchent rarement la culpabilité.

Ce sentiment peut remonter bien avant le divorce. Vos parents ont pu le faire naître en vous dès l'enfance.

Une de mes patientes se rappelait ainsi une scène où, vers neuf ou dix ans, elle avait vu sa mère pleurer et lui dire à elle et à son frère : « Moi qui me donne tellement de mal pour vous, et vous ne m'aimez pas ! » Les deux enfants avaient fondu en larmes et s'étaient récriés : « Mais si, maman, nous t'aimons ! » Vous comprendrez aisément qu'un enfant élevé par une telle mère martyre puisse se sentir coupable. Mais l'important n'est pas de savoir comment ce sentiment est né, mais comment il intervient dans votre vie ou dans votre rôle de mère.

Quand nous évoquons la culpabilité, nous pensons généralement que c'est un sentiment que nous reconnaissons aisément. C'est la *culpabilité consciente.* C'est ce que ressent une personne lorsque dans un hôtel on lui a compté par erreur soixante-quinze dollars de trop et qu'elle n'a pas osé réclamer. Elle est consciente de ce qu'elle ressent. Mais il y a un sentiment plus subtil appelé *culpabilité inconsciente.* L'individu se sent coupable mais ne sait pas pourquoi.

En voici un exemple. Un de mes patients était associé à un autre dans une compagnie de travaux publics qui louait du personnel. Quand ils reçurent une proposition de chantier, ce fut extraordinaire et ils comprirent tous deux que, s'ils décrochaient cette offre, ils feraient un bénéfice substantiel. Mon patient travailla longtemps et beaucoup à préparer cet appel d'offre. Il apporta l'enveloppe scellée un mercredi. La nuit suivante, il s'éveilla tout couvert de sueur. Il me raconta : « Je me dis tout à coup que mon offre était trop basse. Je savais que nous l'emporterions aisément avec un devis aussi faible mais nous ne pourrions pas réaliser le projet sans perdre d'argent, beaucoup d'argent. Il fallait que je modifie ma proposition en augmentant mes prix. »

Il s'habilla et se précipita dans son bureau où il passa plusieurs heures à réviser le coût de son offre. Tôt le matin, il remplaça l'ancienne enveloppe par la nouvelle.

Quand les appels d'offre furent ouverts le jour suivant, il comprit que ses nouveaux chiffres étaient beaucoup trop élevés. Sa première proposition aurait non seulement assuré le marché mais aurait fait gagner de l'argent à la société.

Il était abasourdi. Il se demanda comment il avait pu commettre une telle sottise et se dit qu'il n'avait jamais rien fait d'aussi stupide de sa vie.

C'est à ce moment-là qu'il décida d'avoir recours à une thérapie pour l'aider à trouver pourquoi il avait agi ainsi. Il me raconta cet incident et m'expliqua comment marchait son entreprise. Puis de façon tout à fait inattendue, il ajouta : « Mais cette histoire n'a rien à voir avec mon divorce. »

Il ne s'était pas aperçu qu'il avait justement utilisé une négation.

C'est Freud qui, le premier, a découvert l'existence de ces négations. Une négation est une affirmation précédée de ne... pas. Ainsi une personne peut dire : « Ne changeons pas de sujet », et en changer aussitôt.

Ainsi, quand Denis m'a dit : « Cette histoire n'a rien à voir avec mon divorce », la traduction était que cette offre stupide avait beaucoup à faire avec son divorce. Je commençai donc à l'interroger sur ce divorce qui était en cours. Denis était le fils d'un pasteur très conservateur et il avait reçu une éducation très stricte. On lui avait appris qu'un chrétien ne divorce pas. Non seulement il avait reçu cet enseignement dans son enfance, mais lorsqu'il avait intenté ce procès en divorce et que son père et sa mère en avaient été informés, ils étaient venus immédiatement le voir pour en parler et prier. Denis se sentait donc très coupable.

La formule de la culpabilité inconsciente est la suivante : l'individu est assailli par le remords mais ne s'en rend pas compte. Il a appris dans son enfance qu'après la culpabilité vient le châtiment. C'est maintenant un homme adulte. Qui peut le punir ? Personne. Il va donc s'arranger pour se punir lui-même. Et c'est ce qu'avait fait Denis en gâchant son offre.

C'est cela la culpabilité inconsciente. Le pire est que c'est un ennemi qui frappe dans l'ombre. Vous vous sentez terriblement coupable mais vous ne le savez pas. C'est une situation très problématique. Car si vous n'en êtes pas conscient, comment éviter de vous punir ?

Une façon typique dont cette culpabilité inconsciente peut atteindre un individu en cas de divorce est de le pousser à se faire du tort en gâchant les possibilités d'un règlement satisfaisant du partage ou du droit de visite.

Linda avait averti son avocat : « Écoutez, je veux seulement sortir de ce mariage. Je me moque de l'argent. Je veux seulement être libre. »

L'avocat objecta : « Mais, Linda, comprenez-vous que vous possédez ensemble une part importante dans votre maison ? La moitié vous en revient légalement. Vous ne souhaitez sûrement pas perdre tout cet argent. »

« L'argent m'indiffère. Qu'il garde tout. Je veux seulement que ça se termine. »

L'avocat de Linda comprit qu'il était confronté à une force irrationnelle de la personnalité de sa cliente. Il sentit qu'elle avait besoin d'être aidée et il la poussa donc à prendre rendez-vous avec moi. Elle tint le même discours. Elle se moquait de l'argent. J'essayai une autre tactique, ses enfants. « Linda, comprenez-vous ce que vous faites à vos enfants en laissant tout votre argent et tous vos biens à votre ex-mari ? Ils en auront besoin. » Son entêtement commença alors à faiblir.

J'abordai finalement le sujet de la culpabilité. Oui, elle se sentait coupable et ce sentiment était sous-jacent. Elle avait voulu effacer ce souvenir puis elle me raconta avec réticence qu'elle avait eu une liaison deux ans auparavant, quand son mariage allait très mal. Une analyse plus poussée de ses sentiments pendant cette liaison me permit finalement de lui faire voir que c'était son sentiment de culpabilité qui la poussait à laisser à son mari tous les biens acquis pendant le mariage. Elle essayait inconsciemment d'expier cette liaison.

Le cas de Linda est typique, et les avocats sont souvent perplexes devant le cas d'une personne prête à dilapider son bien. Une fois le divorce terminé, la mère peut se sentir très coupable face à ses enfants. Mais cette culpabilité est souvent inconsciente. Elle croit leur devoir quelque chose pour compenser le divorce. Elle risque alors d'être trop permissive. Si les enfants sont du genre manipulateur, elle va être une pâte molle entre leurs mains. Ils sauront qu'ils pourront toujours l'amener à faire ce qu'ils veulent. Si elle sort avec une amie et qu'ils supplient : « Maman, Maman, ne pars pas ! », ce cri lui percera le cœur. C'est elle qui est la mère mais ce sont en fait les enfants qui jouent le rôle de parents et la mère devient l'enfant sans défense. Chaque fois qu'elle doit faire preuve de fermeté, elle est écrasée par le poids de la culpabilité.

Abordons maintenant la question essentielle : une mère peut-elle se débarrasser d'un tel fardeau ? Oui, bien sûr. J'appellerai cette technique l'art de la pensée négative.

Presque tout le monde a entendu parler de la « pensée positive ». Si votre patron se montre détestable et méprisant, vous l'imaginez comme un être amical et prévenant. Si la vie vous accable, vous imaginez qu'il fait un soleil radieux. Le problème avec cette technique est qu'elle marche rarement. Quand les gens se trouvent déchirés par une dépression ou une anxiété profonde, la pensée positive est à peu près aussi efficace qu'un cautère sur une jambe de bois. La pensée positive n'est pas assez puissante pour lutter contre les forces profondes et inconscientes de l'esprit.

Au lieu de la pensée positive, je vous propose donc la pensée négative. Voilà comment elle fonctionne. Il y a longtemps, un psychologue, le docteur Knight Dunlap, âgé de trente-cinq ans, apprenait à taper à la machine. Il s'aperçut qu'il faisait tout le temps la même faute en inversant les lettres. Il avait beau s'entraîner, il ne pouvait se débarrasser de cette erreur. Il décida d'agir autrement. Il tapa *volontairement* son erreur environ deux cents fois. Quand il revint au mot juste, il s'aperçut qu'il le tapait correctement.

Voilà pourquoi cette méthode avait réussi : il voulait taper un certain mot mais inconsciemment, contre sa volonté, l'erreur revenait sans cesse. Il avait donc identifié l'erreur involontaire et inconsciente et l'avait maîtrisée consciemment.

En utilisant cette méthode, le docteur Dunlap obtint des résultats positifs avec des gens qui apprenaient à taper à la machine, à jouer du piano, ou à accomplir d'autres automatismes. J'ai étendu le concept du docteur Dunlap au domaine des sentiments et des émotions. J'apprends aux gens à se débarrasser de sentiments et d'émotions indésirables et à les remplacer par des sentiments sains et souhaitables.

Reprenons ce sentiment de culpabilité qui fait tant de mal aux mères seules.

Nous pouvons commencer avec la culpabilité de la mère qui a un rendez-vous et dont la petite fille hurle : « Maman, maman, ne t'en va pas ! » Il vous faudra répéter cette scène plusieurs fois avant de l'essayer dans la réalité. Ce que vous allez faire, c'est pratiquer un jeu de rôle avec vos pensées, en laissant s'exprimer les pensées négatives qui s'agitent dans votre tête et en les exagérant autant que vous pourrez.

Imaginez la scène où votre petite fille hurle : « Ne me laisse pas ! » Dites-vous donc : « Comment peut-on être si cruelle avec sa petite fille ? Elle a été bouleversée par ce divorce dont je suis entièrement responsable. Je suis vraiment une mère *indigne.* Je ne mérite pas de sortir ce soir... » Voilà les sentiments qui ont traversé votre esprit consciemment et inconsciemment mais *silencieusement.* C'est ce qui leur donne tant de puissance. Quand vous les exprimerez tout fort, ils perdront leur pouvoir.

Quand vous vous en libérerez, n'essayez pas de les corriger ou d'exprimer votre désapprobation, même s'ils sont complètement irrationnels. Continuez seulement à exagérer tous vos sentiments de culpabilité. Tôt ou tard, si vous continuez à vous les répéter de cette façon, vous entendrez une petite voix intérieure vous dire que ce sont des idioties. Ce sera la première étape pour vaincre l'emprise de ces messages culpabilisants. Continuez à jouer ce rôle accusateur et ils disparaîtront à un moment donné de votre esprit. A chaque fois qu'un nouveau sentiment de culpabilité surgit de votre esprit, reprenez simplement ce jeu.

Par la suite, vous rirez peut-être de ces anciens remords. Quand votre enfant de huit ans criera : « Maman, ne t'en va pas », vous pourrez vous dire silencieusement : « Ce n'est pas moi qui ai bouleversé sa vie par mon divorce. » Et puis vous sortirez avec votre ami.

Au lieu de pratiquer seule la pensée négative, vous pourriez agir en groupe et passer des moments très drôles à vous débarrasser collectivement de vos sentiments de culpabilité. Cela marche très bien. L'un joue le rôle du coupable et les autres adoptent l'attitude de la pensée intelligente et positive.

C'est la seule technique psychologique infaillible que je connaisse pour se libérer de ce sentiment. Faites-le autant que vous le pouvez raisonnablement et vous remarquerez que cela disparaîtra tôt ou tard. Alors, vous commencerez à vous sentir beaucoup plus à l'aise vis-à-vis de vous-même, de vos enfants et de votre divorce. Et vous éprouverez une sensation nouvelle de liberté.

22.

L'ÉGOÏSME CRÉATEUR

Au moment même où vous lisez ce livre, dans tout le pays, des gens essayent d'en convaincre d'autres d'être plus généreux.

Les parents disent à leurs enfants : « Ne sois pas égoïste, partage tes jouets avec ton frère. » Les professeurs disent à leurs élèves d'être moins égoïstes. Les femmes disent à leur mari : « Ne sois pas aussi égoïste avec la télévision. Nous aimerions bien voir autre chose que du football à longueur de soirée. » Les maris disent aux enfants : « Allez, cessez d'accaparer la télévision. Je veux voir un match de foot au lieu de ces vidéo débiles. » Les pasteurs disent à leurs paroissiens : « L'égoïsme ruine le couple et entraîne des dissensions entre les individus. Soyez généreux. »

Si vous écoutez tout cela attentivement, vous remarquerez un fait intéressant — c'est toujours l'autre qui est égoïste et on voudrait bien qu'il se débarrasse de ce défaut. C'est pour cela que j'appelle l'égoïsme : « le défaut de l'autre ».

Même si la plupart des gens sentent que l'égoïsme est mauvais et la générosité bonne, je demande à exprimer l'avis contraire. Je pense que l'abnégation fait naître plus de problèmes entre les gens qu'aucun autre aspect de la personnalité. L'abnégation est le cancer de la pensée.

Permettez-moi de vous donner un exemple des effets pervers de l'altruisme chez une mère seule. Cette femme devint par la suite une de mes patientes. Elle avait trente-huit ans quand son mari mourut. Sa fille avait onze ans. Pendant les dix années qui suivirent, elle vendit des assurances-vie. Elle avait un emploi du temps épuisant. Elle commençait à neuf heures le matin et ne terminait jamais avant neuf ou dix heures du soir. Elle me raconta : « Quand je rentrais à la maison j'étais si fatiguée que je n'avais même pas envie de regarder la télévision ou de lire ; je me jetais dans mon lit pour pouvoir être prête pour le lendemain. »

« Mais pourquoi vous imposiez-vous un tel emploi du temps ? » lui demandai-je.

« C'était pour ma fille. Je voulais avoir assez d'argent pour l'envoyer dans une bonne université. Ma fille est toute ma vie ! Voudriez-vous que je sois assez égoïste pour négliger son avenir ? Non, c'était tout pour elle ! »

Voilà maintenant la partie intéressante de l'histoire. Après toutes ces années de sacrifices de la mère, la fille décida de ne pas faire d'études supérieures ! La mère était désemparée. Pis, la fille était très libérée sexuellement et elle sortait avec un flot ininterrompu de garçons. C'est à ce moment-là que la mère vint me consulter. Nous travaillâmes beaucoup ensemble pour essayer de réparer tous les dommages causés par son « abnégation ».

Vous pourriez croire que la fille aurait apprécié tout le travail de sa mère et tous ses efforts pour lui payer de jolis vêtements et lui permettre d'aller à l'université. Mais pas du tout ! C'est une situation assez fréquente.

Ce que j'essayai de faire avec la mère fut de lui apprendre à être égoïste de façon créatrice. A avoir une vie à elle. A alléger ses heures de travail. A commencer à avoir des rendez-vous (ce qu'elle n'avait jamais fait en dix ans tant elle était surmenée), à passer du temps avec ses amis, à demander à sa fille de payer sa chambre et sa pension sur son salaire. La fille s'y opposa violemment jusqu'à ce que sa mère lui suggère de s'installer dans un appartement à elle et de subvenir à ses besoins.

Tous ces changements firent que la fille commença à respecter sa mère pour la première fois. Au lieu de la voir comme une machine qui déverse de bonnes choses quand on presse le bouton adéquat, elle commença à la voir comme une personne indépendante avec des droits et des sentiments bien à elle.

Si vous élevez vos enfants en vous oubliant vous-même, vous risquez de les laisser grandir dans l'idée que les autres sont là pour les servir. Ils voient aussi que leur mère n'a jamais le temps de s'amuser. Elle ne fait que travailler. Qu'a-t-elle pour se distraire ? La mère leur apprend indirectement à manipuler les gens. Elle est elle-même un modèle de manipulation, puisqu'elle attend que son attitude généreuse lui permette d'acheter leur amour, leur bonne conduite et leur compréhension. Et elle est toujours là, prête à être manipulée. Son rythme psychologique consiste à être constamment disposée à se faire exploiter. Autre triste conséquence de cette abnégation : un ou plusieurs des enfants peuvent essayer de l'imiter. L'enfant des mères « dévouées » devient souvent semblable en grandissant.

L'abnégation peut paraître merveilleuse, mais quand vous analysez ces exemples, vous vous rendez compte que quelque chose qui ne va pas. Ce n'est pas vraiment de l'abnégation. C'est une réaction à la culpabilité dont nous avons discuté au chapitre précédent. C'est une réaction à la peur ou à celle d'avoir dû prendre modèle sur une mère martyre dans son plus jeune âge. C'est le besoin d'éveiller la pitié ou l'amour, ou un effort pour dominer les enfants. Quelle qu'en soit la nature, c'est une réaction affective malsaine — car on fait semblant d'être quelqu'un alors qu'on est autre, aussi sincère qu'on puisse être. On sacrifie le bien d'une personne au bénéfice d'une autre, et l'issue est généralement malheureuse. Cette forme d'abnégation ressemble à un jardin de roses où se trouverait un serpent. Tôt ou tard, quelqu'un se fera piquer.

Voici un autre exemple. C'est celui d'un étudiant, de ses parents et de son oncle, à table au dîner. C'est le soir de Noël, Cédric est élève de dernière année au lycée. La conversation tourne autour des frais d'études à l'université.

« Je pense que je serai pris dans une des meilleures universités, Yale, Harvard ou Princeton, dit Cédric. Mais là n'est pas le problème. Il faut pouvoir payer. J'ai fait plusieurs demandes de bourse, et j'espère bien en avoir une. »

Son père lui répond : « Ne place pas trop haut tes espoirs. Rappelle-toi le vieil adage : il ne faut pas vendre la peau de l'ours avant de l'avoir tué. »

« Alors, dit l'oncle Henri, peut-être pour une fois pouvons-nous la vendre d'avance. J'ai beaucoup réfléchi à la situation de Cédric. Je sais que vous ne pouvez pas financièrement vous permettre de l'envoyer dans une de ces universités célèbres et coûteuses. Mais il y a plus d'une façon de dépouiller un chat. En voilà une qui va te surprendre. » Il se tourne alors vers son neveu. « C'est une bourse complète qui ne peut être gagnée que par un garçon aux cheveux roux appelé Cédric et le donateur n'est autre que son oncle. Je ne suis pas riche mais je prends ma retraite et je vais toucher mon assurance vieillesse. J'aurais pu avoir d'autres plans, mais rien ne me paraît plus important que les études du fils de mon frère. Tant que tu réussiras, tout ira bien quelle que soit l'université. »

Un tonnerre d'applaudissements et de hourras accompagne cette offre. Cédric sait à peine comment accueillir cette nouvelle extraordinaire. Il pense en lui-même (sans le dire tout haut) : « L'oncle Henri est l'homme *le plus généreux et le moins égoïste que je connaisse. Renoncer à ses propres projets pour que je puisse faire des études. Et il ne demande rien en retour !* »

Cédric entra donc en première année d'université. Tout avait été payé, frais d'étude et de pension, les livres et les fournitures.

L'anniversaire de l'oncle Henri tombait le 21 novembre. La famille avait toujours rappelé à Cédric de lui envoyer une carte. Ils savaient combien il appréciait ce genre d'attentions. Mais cette année, Cédric était loin, sa famille n'était pas là pour le lui rappeler. Il ne devait jamais oublier la tempête qui suivit quand l'oncle Henri ne reçut pas sa carte. Il était furieux. Il appela les parents de Cédric et ressassa cet oubli. « Voyez la situation. Je dépense beaucoup pour que Cédric aille dans une université prestigieuse. Et comment me remercie-t-il ? Il ne se donne même pas la peine de m'envoyer une carte d'anniversaire. C'est une honte ! Qu'il n'attende rien de moi, maintenant ! »

Il y avait donc des conditions liées à la soi-disant générosité et abnégation de l'oncle Henri. Cédric en fit l'amère découverte.

Malheureusement la structure du foyer monoparental

semble faite exprès pour l'abnégation, pour ce serpent dans le jardin de roses. La mère est toute seule et elle a peu de monde autour d'elle pour l'aider à faire tout son travail. Il lui est donc facile de se glisser dans le rôle de la victime.

Il y avait dans une famille de ma connaissance une fille de dix-huit ans, experte dans l'art de faire ce qu'elle voulait de sa mère. Quand cette dernière se remaria et que le nouveau couple envisagea un voyage à Hawaii, la fille décida d'y aller. Le mari fit quelques objections mais sa femme lui dit : « Tu ne voudrais pas que Samantha soit laissée à l'écart d'un moment aussi précieux que notre lune de miel ; nous ne devons pas être égoïstes à ce point. » Le mari ne dit plus rien et Samantha partit pour Hawaii avec eux. Le voyage fut désastreux. Le ménage avait bien mal débuté et le couple vint finalement me trouver.

Je donnai à la fois au mari et à la femme la possibilité de libérer leurs griefs. Cela durait depuis à peu près dix minutes quand la mère, qui n'aimait pas entendre de telles choses ou y penser profondément, bondit hors de la pièce. Elle avait fait des découvertes sur elle-même. Elle partit donc et ne revint jamais. Le mari continua à venir pendant un an et puis déménagea. L'insistance de la mère à se vouloir dépourvue d'égoïsme avec une enfant manipulatrice lui avait coûté un mari.

Ne permettez pas que votre famille soit ruinée par ce poison. Ne vous effacez pas constamment devant vos enfants. Ayez, au contraire, le courage d'être égoïste d'une façon unique et créatrice. Élevez-les dans le même sens. Un enfant égoïste et créateur n'empiète pas sur les droits des autres enfants mais ne se laisse pas faire pour autant.

Je vous parle d'élever vos enfants dans le respect de

soi. Cela paraît simple à dire mais c'est difficile si on vous a appris à ne pas être égoïste dans votre enfance. Peut-être avez-vous déjà vu votre mère jouer ce rôle de victime quand vous étiez jeune.

Pour apprendre à votre enfant à être positivement égoïste et à avoir une estime de soi saine, voilà ce que vous devez faire :

Premièrement, si vous vous sacrifiez pour son bien imaginaire, arrêtez-vous. Soyez vous-même un modèle de confiance en vous. Vous trouverez cela difficile jusqu'à ce que vous en preniez l'habitude.

Vous devrez aussi utiliser le système de récompense positive avec vos enfants. Chaque fois que l'un d'eux se comporte en manifestant sainement sa confiance en soi, encouragez-le. S'il accomplit un acte d'abnégation, ignorez-le. Évitez de le réprimander ou de le punir, car c'est encore une forme de récompense.

Il vous faudra sans doute un certain temps pour aider votre enfant à créer de telles habitudes si vous avez vous-même joué le rôle de la victime et si vous avez entendu l'éloge de l'abnégation pendant des années. Le changement sera long, mais se produira finalement. Plus votre enfant s'orientera vers l'égoïsme positif plus il vous sera aisé d'en faire autant. Après une vie de sacrifices, grands ou petits, c'est merveilleux de se découvrir en femme pleine de confiance en soi.

Si vous avez besoin d'encouragements ou de témoignages, voici un exemple qui montre à quel point l'égoïsme créatif peut être bénéfique pour tous.

Un étudiant en psychologie se débattait pour décider s'il allait rester au pays avec sa mère âgée ou partir pour l'étranger. Il décida de partir pour terminer ses études de psychologie le menant au doctorat.

La mère avait alors soixante-deux ans et ne voulait

pas qu'il la quitte. La plupart de ses amis lui écrivirent pour lui dire de ne pas partir. Après tout, sa mère était âgée et risquait de mourir bientôt, il aurait tout le temps d'aller plus tard à l'étranger. Quand il eut décidé de partir tout de même, tout le monde pensa qu'il était égoïste.

Mais la mère vécut en fait jusqu'à quatre-vingt-treize ans. Quelques mois avant de mourir, elle dit à son fils qu'un des plus grands services qu'il lui avait rendus avait été de partir étudier à l'étranger. Quand il était parti, elle avait ressenti colère et tristesse, puis elle avait réalisé par la suite combien elle était fière de son esprit d'indépendance et de son désir de réussite ; et son absence l'avait empêchée de devenir une vieille dame comptant sur la présence de son enfant, comme beaucoup de ses amies.

Ne faites rien pour qui que sc soit si ce n'est pas bénéfique pour vous aussi. Cela ne veut pas dire que vous deviez en tirer un profit matériel. Vous pouvez faire quelque chose pour autrui si vous en tirez une gratification et que c'est votre seul bénéfice. Mais ne franchissez pas la ligne qui sépare le vrai plaisir du plaisir imaginé, où vous vous sacrifiez pour un d'autre en vous disant à vous-même que cela vous fait du bien. C'est négatif et nuisible pour l'un comme pour l'autre.

La mère qui se sacrifie présente habituellement un certain nombre de traits psychologiques qui vont de pair avec cette apparente abnégation. Par exemple, elle joue partiellement au martyr. Elle est aussi (secrètement) fière d'être dévouée. Elle veut bénéficier entièrement de la sympathie de ses enfants et de ses amis.

Pendant la plus grande partie de sa vie d'adulte, cette mère se sera plainte auprès de ses enfants (et elle le répète à ses amis) de ce qu'ils l'épuisent. Elle attend des enfants qu'ils lui disent : « Quel travail tu as, maman ! C'est terrible de devoir travailler autant. Oh, maman, j'allais oublier, je vais danser ce soir. Pourrais-tu me repasser ma robe bleue ? » La mère soupire et se lève. « Tu aurais pu me prévenir plus tôt, mais c'est toujours comme ça avec les enfants. Et il n'y a qu'une mère pour faire cela. »

Cette scène se répète jusqu'à ce que le dernier des enfants quitte le nid. Alors que lui reste-t-il ? Elle s'est dévouée jusqu'à l'épuisement, et maintenant elle n'a plus d'enfants à materner et elle n'est guère prête à se faire du bien à elle-même. Quel dommage !

Il y a très longtemps, Jésus observa avec dégoût les traits de caractère des Pharisiens, qui étaient supposés être le peuple le moins égoïste de cette époque. Jésus leur fit remarquer (ainsi qu'aux docteurs de la loi qui étaient avec eux) qu'ils étaient dévoués en surface mais pareils « à des tombeaux oubliés » (Luc 11-50).

Les Pharisiens ressemblaient à ces gens dévoués dont je viens de parler. Si vous êtes pleine d'abnégation, vous risquez de finir comme eux : impossible d'être plus sainte que moi ! Vous regardez les autres de haut. Vous savez que vous êtes particulièrement bonne et que les gens égoïstes ne sont pas aussi bons que vous.

23.

COMMENT TROUVER L'HOMME DE VOTRE VIE

Vous envisagez peut-être un avenir sans homme. Peut-être voulez-vous prononcer des vœux de célibat ? Ou bien vous pensez que les hommes sont invivables et que vous n'allez pas vous encombrer la vie avec eux. Si tel est le cas, n'allez pas plus loin. Ce chapitre n'est pas pour vous.

Mais si vous souhaitez rencontrer un homme intéressant comme mari, amant ou ami fidèle, je peux vous dire comment le faire entrer dans votre vie.

Dire que si un homme et une femme veulent s'unir et s'engager, il faut d'abord qu'ils se rencontrent, c'est une vérité de La Palice. Pour certains, ce sera sur leur lieu de travail, ce qui est très pratique. Mais si vous attendez au bureau que l'homme de votre vie se matérialise, cela peut prendre très, très longtemps. Il est de meilleurs moyens pour trouver non seulement un homme qui vous convient mais pour avoir le choix entre plusieurs.

Actuellement, dans la relation avec l'autre sexe, certaines femmes croient encore au mythe de la femme très féminine qui ne doit jamais prendre l'initiative. Elle doit attendre, sans rien faire, qu'un homme décidé et audacieux la remarque et fasse le premier pas. Même timide et hésitant, il reste dans son rôle officiel de l'approcher, même si elle guide ses pas mal assurés.

Nombreuses sont les femmes qui, en affaires, se sont affranchies de cette passivité et cela pour une raison bien simple : elles se sont aperçues que le manque d'assurance ne paie pas. Même si elles commencent à en tirer profit dans leur métier, d'autres restent encore timides et hésitent à reconnaître que l'initiative est aussi payante dans les relations homme-femme. Ne confondez pas, s'il vous plaît, initiative et agressivité. Être entreprenant, c'est simplement défendre ses droits et affirmer ses désirs et ses besoins dans une situation ou une relation données. Être agressif a une connotation opposée. C'est se mettre en avant et faire preuve d'hostilité pour parvenir à ses fins.

Dans ce livre, je ne vais pas vous apprendre à vous mettre en avant, à être agressive ou hostile. Beaucoup de femmes pensent que la combativité les dépouille de leur féminité. Mais ce n'est jamais le cas de l'initiative qui donnera seulement du piment à votre personnalité. Je vais donc vous apprendre à être entreprenante avec l'homme que vous aimeriez connaître, et à rendre votre premier contact si agréable qu'il s'intéressera très vite à vous.

La méthode en quatre étapes pour rencontrer un homme

Voici un scénario type que vous pourriez jouer un dimanche dans un musée. Vous êtes libre, âgée de trente-deux ans et douée d'un certain charme. Vous êtes venue voir une nouvelle exposition de gravures de Picasso. Pendant que vous flânez dans les salles, vous remarquez un homme à l'air intéressant. Vous pensez :

« J'aimerais bien le rencontrer. » Habituellement, cette histoire se termine tristement car il ne viendra pas vers vous pour vous parler. Il va simplement continuer sa promenade dans le musée en regardant les Picasso et vous en ferez autant. Finalement, il s'en ira et vous aussi. Chacun de son côté. Le titre de scénario pourrait être : « La rencontre qui n'a jamais commencé. » Pourquoi ? Parce que vous étiez bloquée par le mythe de l'homme qui doit faire le premier pas.

Voyons maintenant comment ce scénario aurait pu réussir si la femme avait su le maîtriser. C'est la *méthode en quatre étapes* pour rencontrer un homme.

Vous êtes devant un tableau de Picasso quand vous remarquez, à l'autre bout de la salle, un homme d'une trentaine d'années. Vous pensez : « Voilà un type qui a de la classe. Je me demande s'il est aussi intelligent. Allons le trouver pour savoir. »

Vous vous dirigez nonchalamment vers l'endroit où il se trouve et mettez en œuvre votre plan en quatre étapes. Vous vous approchez pour lui dire : « Excusez-moi, puis-je me permettre de vous dire quelque chose ? » Un peu surpris, il répond : « Mais, bien sûr. » Il vous autorisera toujours à dire quelque chose, au moins pour satisfaire sa curiosité. Vous avez franchi la première étape. Passons maintenant à la seconde. Vous allez lui dire à peu près : « Je trouve que vous avez beaucoup de charme. »

« Merci, répond-il, vous avez illuminé ma journée. » Vous voilà prête maintenant pour la troisième étape. Dites-lui, avec vos propres mots : « Tandis que vous étiez là et moi ici, je me suis dit : si je laisse faire les choses, il partira de son côté et moi du mien et nous ne nous reverrons jamais. J'ai donc pris mon courage à deux mains et je suis venue vous parler. »

« C'est sensationnel, répond-il. Ce n'est pas souvent, c'est le moins qu'on puisse dire, qu'une jolie femme m'aborde de cette façon. Au fait, je m'appelle Henri. »

« Je m'appelle Catherine », annoncez-vous. Vous voilà prête pour la quatrième et dernière étape.

« Écoutez, nous pouvons rester ici à soutenir les murs du musée. Je pense que ce serait plus drôle d'aller prendre un café. »

« Très bonne idée. »

Henri n'en est pas conscient mais en acceptant votre invitation, il accepte en fait de parler environ vingt minutes avec vous. Quand vous l'avez vu d'abord, c'est son apparence qui vous a attirée. Vous ignoriez son caractère, sa personnalité ou son degré d'intelligence. Vous avez maintenant la chance d'avoir vingt minutes pour trouver une réponse à ces questions.

Entraînez-vous à cette méthode avant de la mettre en pratique. Trouvez les paroles qui vous conviennent et répétez-les jusqu'à ce qu'elles deviennent naturelles : il ne faut pas avoir l'air de réciter un enregistrement. Pour réussir, vous devez vous sentir à l'aise dans votre manière d'approcher quelqu'un.

C'est une méthode si extraordinaire pour rencontrer des hommes que vous vous demanderez pourquoi si peu de femmes la pratiquent. La raison est très simple : elles ont PEUR. Peur d'être rejetées. Mais une fois qu'une femme a appliqué cette méthode plusieurs fois avec succès, elle sera rassurée et saura qu'elle ne court guère ce risque.

Il faut tout de même vous préparer à l'être une fois de temps en temps. Songez à ce que tous les hommes supportent depuis des années en étant repoussés par les femmes.

J'ai une amie qui prétend que si vous n'êtes pas au

moins repoussée une fois par semaine c'est que vous n'avez pas vraiment essayé de faire une nouvelle rencontre.

Le charme de cette méthode réside dans le fait que vous la pratiquez presque partout. Au supermarché, dans un club de gymnastique, dans un aéroport, un couloir d'hôtel, au musée, au théâtre et même en vous promenant dans la rue. C'est là que c'est peut-être le plus difficile mais tout de même faisable.

C'est merveilleux d'avoir un ami que vous pouvez appeler pour vous distraire un soir où vous êtes seule à la maison. Quelqu'un de disponible si vous avez besoin de parler, qui puisse vous accompagner au théâtre ou à une réception. Vous vous remarierez un jour quand vous aurez trouvé l'homme de votre vie. Mais vous aurez aussi créé un cercle extraordinaire d'amis intéressants et pleins de charme.

Vous pensez peut-être : « Je ne pourrai jamais aborder un étranger et me présenter : j'en suis incapable. » Je vous répondrai simplement : continuez à rester chez vous à regarder la télévision pendant que d'autres femmes rencontrent des hommes.

Les endroits pour gens solitaires

Un des avantages de la méthode que je viens de décrire, c'est qu'elle crée une situation d'échange à deux. Vous ne rivaliserez avec aucune autre femme. C'est l'opposé des bars, des bals ou des groupes pour célibataires. A moins d'être dotée d'un visage et d'un corps éblouissants, vous y serez à votre désavantage. Et si vous êtes superbe, vous n'avez pas besoin de vous faire de souci.

Certaines méthodes de rencontre conviennent mieux à certaines femmes. Trouvez ce qui vous sied le mieux. Si vous êtes vraiment attirée par les réunions pour gens seuls, allez-y. Mais essayez aussi la méthode en quatre étapes.

Les petites annonces peuvent réussir

Passer une petite annonce pour rencontrer un homme est une méthode très souvent mal comprise et sous-estimée. C'est pourtant une technique efficace. Beaucoup de femmes pensent que si elles passent une annonce dans un journal ou un magazine pour gens seuls, elles vont rencontrer des gens bizarres ou des escrocs. Ces fantasmes ressemblent pourtant fort peu aux hommes de grande qualité que vous trouvez dans les journaux d'annonces sérieuses. Beaucoup de veuves et de divorcées ont eu la chance d'y rencontrer des hommes seuls qui leur convenaient. Ainsi, une veuve que je connaissais, a rencontré un professeur de philosophie avec qui elle s'est remariée.

Voyons ce genre d'annonce :

Homme cultivé et séduisant, trente-huit ans, 1,90 m, sentimental romantique, aimant la marche, le camping, la mer, la musique sous toutes ses formes, la danse et les sorties au restaurant, le tennis, la lecture et les musées. Cherche à rencontrer une femme de trente-cinq ans au moins.

Cette annonce portera un nom de code tel que H301. Si elle vous intrigue et que vous souhaitiez rencontrer l'homme qui se cache derrière elle, écrivez-lui simplement une lettre.

Voyons maintenant cette lettre. Elle est aussi importante qu'un curriculum vitae. Beaucoup de femmes jettent bêtement quelques lignes hâtives sur une feuille chiffonnée qui semble tirée de la corbeille à papiers. Elles espèrent faire, par magie, une impression favorable à celui qui va la lire. En voilà un exemple :

Cher H301,

J'ai lu votre annonce et voudrais avoir de vos nouvelles. En la lisant, j'ai pensé que j'aimerais vous rencontrer. J'ai quarante-cinq ans, suis divorcée depuis trois ans, mère de trois adolescents. Je n'ai pas de photo récente de moi en ce moment. J'habite...

Cette lettre est nulle. L'auteur ne cherche absolument pas à se décrire comme une femme intéressante et désirable. Elle semble croire qu'en disant seulement qu'elle souhaite rencontrer l'auteur de l'annonce, il aura immédiatement envie de la voir. Il a dit qu'il avait trente-huit ans et souhaitait rencontrer une femme de moins de trente-cinq ans ; elle semble l'ignorer et agit comme s'il n'avait rien mentionné. Elle ne dit rien de ses goûts et du côté unique de sa personnalité. Autrement dit, elle ne donne aucune description positive d'elle-même qui puisse lui donner envie de la rencontrer. Si nous pouvons supposer qu'elle est assez jolie, elle ne se donne même pas la peine de lui envoyer une photo qui éveille en lui le désir de la voir. On peut parier à tout coup que peu après avoir ouvert cette lettre, il la classera dans le dossier des affaires non urgentes.

Essayons d'opposer à cette lettre démoralisante une lettre engageante. C'est une lettre authentique dont j'ai simplement modifié quelques détails pour protéger l'identité de l'auteur. Et pour être plus bref, je ne l'ai pas recopiée entièrement. Il est évident que cette femme a consacré beaucoup de soin à la rédaction de cette lettre chaleureuse.

Cher H301,

J'ai beaucoup aimé votre annonce. On y devine un homme instruit et bien élevé, deux qualités que je cherche chez un homme. Vous avez l'air très sympathique et cela me ferait très plaisir de vous rencontrer. Je suis intelligente, diplômée de l'université. J'aime les bons livres comme on peut le voir à ma bibliothèque bien fournie. Si on me laisse dans une librairie ou une bibliothèque, je ressors les bras chargés de livres. Je suis blonde, mesure 1,60 m, j'ai trente-cinq ans et on dit que j'ai beaucoup de charme. J'aime marcher, faire du jogging et vivre en plein air. J'adore sortir pour dîner ou danser et suis folle de jardinage : je cultive mes légumes moi-même. Je cherche quelqu'un de gentil, viril et compréhensif. J'adore aller dans des endroits agréables comme tout le monde mais ce que je désire avant tout, c'est avoir un foyer stable. Vous êtes peut-être submergé de réponses, mais j'espère que vous reconnaîtrez la qualité et que vous me placerez en haut de votre liste. Mon numéro de téléphone le soir est ... Vous pouvez aussi m'atteindre le jour à mon travail au numéro suivant : ... J'espère que ma photo vous plaira mais elle n'est pas aussi bien que l'intéressée en trois dimensions ! Appelez-moi, s'il vous plaît !

Vous remarquerez combien ces deux lettres sont différentes. La seconde femme parle beaucoup d'elle en tant que personne. Je suis sûr que l'homme pensera qu'elle est intéressante et qu'il aimerait la rencontrer.

Et il décrochera le téléphone pour le faire. A propos, avez-vous remarqué que la première « concurrente » n'a même pas donné son numéro de téléphone ? La seconde donne non seulement son numéro privé mais aussi celui de son bureau, il pourra donc la joindre plus facilement.

Tout ce que vous ferez pour faciliter sa réponse ira dans le bon sens. Vous noterez que la femme ne craint pas de s'affirmer.

Je vais vous expliquer maintenant comment rédiger une petite annonce. Voyons d'abord ce qu'il *ne faut pas* écrire.

Je suis une femme courageuse, pleine d'allant, qui aime la plaisanterie. Je refuse de me laisser prendre par la routine. J'aime le monde et les sorties mais j'aime aussi le calme du foyer. J'ai du charme, j'ai bon caractère et je m'intéresse aux autres. J'ai quarante-deux ans, je mesure 1,65 m, je suis blonde, originaire de l'Ouest.

Si vous examinez cette annonce de plus près, elle n'apprend pas grand-chose sur celle qui l'a écrite. Vous ne savez rien de sa personnalité. Elle vous dit ainsi qu'elle aime sortir mais qu'elle aime aussi le calme de la maison. N'est-ce pas le cas de tout le monde ? Rien d'original dans tout cela. Elle utilise une phrase entière pour informer ses lecteurs qu'elle est née dans l'Ouest, comme si cela avait un quelconque intérêt. Elle se décrit comme ayant du charme. Si vous lisez régulièrement les petites annonces, vous verrez qu'environ 99 % des femmes utilisent le même terme. Apparemment aucune femme dénuée de charme ne rédige d'annonce ! Faites preuve d'imagination ! Trouvez, pour vous décrire, autre chose que cette formule usée : « J'ai beaucoup de charme. »

Voici maintenant un exemple d'annonce qui devrait réussir, à mon avis. Notez qu'elle commence par ce que les écrivains professionnels appellent un hameçon — c'est-à-dire une phrase de début qui accroche l'attention du lecteur. De plus, remarquez que lorsqu'on aura fini de lire cette annonce, on se sera fait une idée positive de la femme exceptionnelle qui l'a écrite. Au fait, il est presque impossible d'écrire une annonce courte, peu coûteuse, qui éveille en même temps la curiosité. Pour écrire une annonce valable, il faut qu'elle soit assez longue, ce qui vous coûtera de l'argent. Si vous n'êtes pas prête à investir une certaine somme, renoncez-y.

Voici ce que j'appelle une bonne annonce :

Je cherche sans doute un homme qui n'existe pas. Il devra être intelligent, grand, raisonnablement beau, ouvert et chaleureux, sincère dans ses sentiments, aimer s'amuser et avoir un solide sens de l'humour. Il devra aimer la musique, du classique au jazz, danser et dîner au restaurant, lire et flâner dans les librairies, les bibliothèques et les musées, être amateur de cinéma et de théâtre, de tennis et de marche, de matches de football et de basket-ball.

Qu'ai-je à offrir à un homme aussi exceptionnel? Disons que huit cent vingt-trois anciens boy-friends interrogés à mon sujet m'ont décrite comme charmante. Trois cent quatorze ont dit que j'étais infernale. Qu'en savent-ils? Je possède les mêmes qualités que mon homme d'exception, plus une qui lui manque sûrement : je suis fin cordon-bleu et adore faire la cuisine. J'ai quarante-deux ans, les cheveux roux, je suis mince et mesure 1,60 m. Je suis une femme unique et souhaite rencontrer un homme unique.

Les réponses que vous recevrez se classeront en gros en trois catégories. D'abord, certaines proviendront de maladroits.

Vous n'aurez aucune difficulté à les discerner des autres lettres. Ainsi, un homme a répondu à une annonce par une lettre, tapée sur ordinateur avec double espace, dans laquelle il se décrivait si longuement que personne d'autre que sa mère n'aurait pu s'y intéresser. Croyez-moi ou non, il avait ajouté plusieurs citations de ses dames catéchistes expliquant à quel point il était extraordinaire ! Il avait aussi une citation invérifiable de son sergent dans l'armée expliquant qu'il avait été un soldat exceptionnel pendant les manœuvres. Il démontrait la puissance de sa volonté en ajoutant un graphique qui indiquait le nombre de kilos qu'il avait perdus les deux dernières années. Les lettres de maladroits seront toutes différentes mais vous saurez tout de suite que vous n'avez pas envie de les rencontrer.

A l'autre extrême, vous trouverez les lettres de gens que vous détecterez immédiatement comme des gens adorables. C'est à ceux-là que vous commencerez par répondre.

Au milieu, se trouveront les lettres ni délicieuses ni maladroites. Ne les ignorez pas pour autant. De nos jours, très peu d'adultes savent écrire correctement. Mais ils peuvent se révéler très sympathiques quand vous les rencontrerez, même si leurs lettres ne sont pas très passionnantes.

Quand on en arrive au moment de fixer un rendez-vous, assurez-vous de ne pas le faire avant une semaine au moins. Quant au lieu de rencontre, vous pouvez faire deux choix de base : votre appartement ou votre maison ou un terrain neutre tel que restaurant ou hôtel. Si votre correspondant se révèle être un individu gênant qui vous harcèle ou est terriblement ennuyeux, vous vous en débarrasserez plus aisément en terrain neutre.

Autres situations possibles

Il y a beaucoup d'associations de personnes seules qui varient suivant les régions. Certaines existent à l'échelon national.

Les associations religieuses, les cours du soir, les clubs spécialisés (danses folkloriques, photo, politique, etc.) peuvent vous offrir l'occasion de rencontrer des hommes qui partagent vos intérêts. Assurez-vous que dans tout groupe, il y a au moins autant d'hommes que de femmes. Il est plus facile d'entamer une conversation quand on a des intérêts communs. Si vous avez des difficultés à rencontrer quelqu'un en particulier, utilisez la méthode en quatre étapes.

Quand vous vous adressez à un homme dans une de ces réunions ; imaginez que vous l'engagez pour un poste de cadre dans une société. Posez-lui des questions susceptibles de le faire parler et permettant de l'évaluer. Quels sont ses passe-temps favoris ? Comment considère-t-il ses amis, sa famille et ses autres relations ? Semble-t-il attentif à ce que vous dites ? Est-il intéressant ? Quelles remarques fait-il sur les femmes ? S'il laisse transparaître un tempérament agressif, méprisant ou moqueur à l'égard des femmes, soyez sur vos gardes. Ce genre d'attitude sexiste n'a pas sa place dans une relation intime agréable.

Pensez à utiliser vos qualités intuitives pour évaluer un homme. L'intuition est une sorte de pressentiment, pas nécessairement une vérité de base. Mais vous pourrez vous renseigner utilement en faisant simplement attention aux affinités que vous pouvez déceler entre lui et vous.

Ne négligez pas le fait qu'il y a sûrement des hommes charmants et intéressants dans votre vie de tous les jours. Vous ne les avez peut-être pas encore remarqués, mais ils sont là. J'ai entendu parler de beaucoup de rencontres dues au hasard et qui ont bien tourné.

Donnez-vous la possibilité de voir des hommes très divers : c'est important. Cela vous aidera à acquérir des bases solides pour savoir si un homme vous convient ou non. Arrêtez-vous pour observer les gens pendant un match de football, dans un magasin, dans un centre commercial. Votre vie peut devenir un roman passionnant si vous cherchez à rencontrer des gens intéressants et charmants et que vous les trouviez.

Dernier conseil : assurez-vous que vos amis savent que vous cherchez à rencontrer des hommes nouveaux. Ils croient peut-être que vous êtes parfaitement satisfaite de votre sort si vous ne leur faites pas savoir que vous cherchez autre chose. Plus d'une jolie femme a langui seule au coin du feu, chaque soir, parce que tout le monde pensait que son carnet de rendez-vous était plein. Même vos amies connaissent peut-être des hommes qui ne les intéressent pas mais qui pourraient vous plaire.

Vous voilà maintenant informée de plusieurs façons positives, intéressantes et gratifiantes de rencontrer des hommes. A mon avis, un des meilleurs systèmes est de faire passer une annonce dans un journal pour gens seuls. Mais un miracle peut se produire au moment où vous l'attendez le moins. Un jour, un homme surgit d'un ascenseur, se cogne à vous et vous fait perdre l'équilibre. Vous voilà en train de lui parler et il vous emmène au restaurant. Et tout à coup vous vous rendez compte que c'est, peut-être, le début d'une belle histoire d'amour.

Excitez sa curiosité au téléphone

Maintenant, retournons à notre affaire. Vous l'avez rencontré et il vous a demandé un rendez-vous. Comment vous y prendre ?

Je vous conseille de fixer la date à peu près une semaine plus tard. Vous aurez peut-être beaucoup de temps libre cette semaine-là, mais si vous lui donnez rendez-vous trop tôt, il peut supposer que vous n'avez pas grand succès. Cette semaine est importante pour exciter son imagination.

Que fait habituellement une femme pour éveiller l'intérêt chez un homme ? Souvent rien. Elle va faire tout ce qu'elle peut pour être aussi attirante que possible le jour du rendez-vous, mais elle ne tentera rien pour le rendre impatient. En d'autres termes, elle ne lui envoie aucun message capable d'éveiller sa curiosité. Dans le monde du spectacle, c'est un élément susceptible d'exciter les spectateurs afin qu'ils s'intéressent davantage à l'attraction principale. Les programmes télévisés, par exemple, n'attendent pas le jeudi pour montrer leurs séquences sur la vie des animaux. Du lundi au mercredi, on va passer une séquence d'une minute pour annoncer l'émission passionnante du jeudi. Je vous suggère de faire la même chose.

Le téléphone va jouer un rôle essentiel dans cette mise en condition. Son utilisation à cet effet reste encore peu développée. Voici comment s'y prendre :

N'attendez pas de coup de téléphone dans la semaine qui précède le rendez-vous. Appelez plutôt. Assurez-vous par avance que votre appel ne sera pas gênant. Même si votre correspondant vous a donné sa carte professionnelle avec son numéro de téléphone, vous ne pouvez pas être certaine qu'il sera ravi de votre appel. Il peut penser que c'est à lui de prendre l'initiative. Demandez-lui seulement : « Est-ce que cela veut dire que je peux vous appeler ou préférez-vous le faire ? » Certains hommes ne sont pas suffisamment libérés pour souhaiter qu'une femme les appelle. Mais supposons qu'il dise : « Sûrement, c'est une très bonne idée », alors les choses sont claires.

Pour ce genre d'appel, mieux vaut lui téléphoner chez lui qu'au bureau si vous souhaitez qu'il soit détendu et ait envie de parler. Rappelez-vous de ne l'appeler à son bureau que s'il vous a dit que cela ne le dérangeait pas. Pensez à lui demander s'il est occupé avant de vous lancer dans la conversation. Sinon, vous risquez de le trouver préoccupé et de l'irriter contre vous. Ce n'est pas exactement ce que vous souhaitez.

Dans cette première conversation, que vous en soyez l'initiatrice ou non, votre approche devrait être à peu près la suivante : « Pourquoi ne pas essayer de nous connaître un peu mieux par téléphone si cela ne vous dérange pas ? » Puis : « Vous pouvez peut-être me parler un peu de vous puis je vous parlerai un peu de moi. Je peux commencer, si cela vous met plus à l'aise. » S'il accepte, commencez. Cela vous donnera la possibilité de donner le ton dans cette interaction téléphonique. S'il décide de commencer, cela prouve qu'il a confiance en lui.

Quand vous dressez votre portrait, ne vous fiez pas à ce qui vous vient spontanément à l'esprit. Peu de gens sont capables d'être intéressants sous l'inspiration du moment. Préparez un peu ce que vous allez dire. C'est important non seulement la première fois mais à n'importe quel moment.

Pensez à ce que vous allez dire et essayez d'introduire des sujets drôles ou originaux. Par exemple : « J'ai grandi dans la jungle amazonienne, nu-pieds et en queue de cheval. » Si vous ne vous sentez pas à l'aise dans ce genre de plaisanterie, n'essayez surtout pas. Ce qui compte, c'est d'être vous-même. Mais si vous pensez que cela vous convient d'être drôle, essayez. Beaucoup d'hommes seront intrigués par une approche originale.

Cet appel téléphonique correspond à ce que fait un journaliste quand il questionne une personnalité. Vous voulez en savoir le plus possible sur lui. Posez-lui des questions sur ses passe-temps favoris. Demandez-lui ce qu'il aime faire quand il ne travaille pas. Bien des gens s'intéressent plus à leurs activités de loisirs qu'à leur travail. Pour le faire parler, vous n'aurez qu'à lui poser des questions sur ces activités. Questionnez-le aussi sur ses débuts dans la vie active : la plupart des gens aiment en parler.

Félicitez-le chaque fois que vous pouvez le faire. Ne lui dites pas : « Je parie que vous êtes très beau », si vous ne l'avez pas encore rencontré. Mais vous pouvez dire par exemple : « C'est merveilleux d'entendre comment vous avez progressé dans votre carrière. » Ou : « Vous avez un vocabulaire extraordinaire. » Ou : « Vous avez vraiment un esprit très analytique. J'imagine que cela a dû beaucoup vous aider à réussir. » Très peu de gens pensent à faire des compliments aux autres. Si vous le faites, vous vous situerez probablement dans son esprit comme quelqu'un d'original.

Vous souhaiterez, bien sûr, être particulièrement brillante au téléphone. Il y a deux façons d'avoir une conversation aisée : une méthode facile et une plus difficile. La méthode coûteuse, qui prend du temps, consiste à avoir fait le tour du monde et pouvoir parler de tout d'une façon passionnante. De tels interlocuteurs sont vraiment intéressants. Mais il est difficile de le devenir. Pourquoi ne pas essayer la méthode facile ?

Je vais vous raconter l'expérience d'un de mes amis, pour illustrer la méthode facile. Un médecin de ma connaissance se trouvait il y a quelque temps à un cocktail. Il rencontra deux jeunes gens qui avaient passé un an à forer du pétrole en Amérique du Sud. Il avait traversé le Mexique, mais n'était jamais allé en Amérique du Sud et cela l'intéressait beaucoup. Il posa aux deux hommes des tas de questions sur les villes minières. Comment étaient les gens ? Que faisaient-ils quand il y avait des fêtes ? Etc. La plus grande partie de la conversation tourna autour d'eux et de leur vie dans les villes minières. On parla très peu de lui. Il leur posa des questions qui l'intéressaient tout particulièrement et écouta attentivement leurs réponses. Deux semaines après le cocktail, il entendit par des sources personnelles ce que les jeunes gens avaient dit de lui : « Vous connaissez le Dr Untel. Quel brillant causeur ! »

Qu'est-ce qui l'avait rendu si brillant ? Avait-il parlé d'une manière passionnante ? Pas du tout. Il avait posé des questions et vraiment écouté les réponses. C'est ainsi qu'on devient un causeur passionnant !

La plupart des hommes seuls, comme les femmes

seules, ressentent la solitude de temps en temps. Ils voudraient avoir quelqu'un à qui parler qui puisse les écouter sincèrement. Mais ce n'est pas souvent le cas. Que se passe-t-il donc quand un homme a un rendez-vous ? La femme l'encourage-t-elle en lui posant des questions et en l'écoutant ? La plupart du temps, non. Elle prend le dessus et s'empare de la conversation. C'est ce qui pouvait lui arriver de pire.

Ce dont il a besoin c'est de pouvoir parler et d'être écouté. Vous pouvez répondre à ce besoin et commencer au téléphone. Mais ne le laissez pas dominer interminablement la conversation pendant que vous sommeillez à l'autre bout du fil. Il a eu sa chance, maintenant emparez-vous de la discussion sur la base du donner-recevoir. Après tout, vous aussi, vous avez besoin de parler !

Le nombre de vos appels pendant cette première semaine dépendra de sa réceptivité. Soyez sûre d'avoir une idée en tête quand vous appelez et essayez de vous y tenir. Laissez votre instinct vous souffler ce qu'il faut dire aussi bien que les raisons d'appeler. Vous devriez pouvoir mesurer la qualité de son attention à ce qu'il vous dit et au ton de sa voix. Ne lui téléphonez pas au point qu'il se sente submergé. Rappelez-vous que ces appels ne doivent qu'éveiller son intérêt. L'attraction principale, c'est vous et le rendez-vous. Pour certains hommes, une seule communication suffira. D'autres prendront plaisir à vous appeler ou à vous répondre avant le jour de votre rencontre.

Ne croyez pas que votre usage du téléphone doive se limiter à cette semaine-là. C'est un de vos atouts les plus précieux dans cette relation. En l'utilisant de plus en plus, vous serez davantage à l'aise pour vous en servir comme d'un prolongement de vous-même. Il vous offrira de multiples possibilités.

Certaines personnes sont beaucoup plus exubérantes que d'autres et ont plus d'assurance pour parler, en personne ou au téléphone. Si vous ne faites pas partie de ces gens éloquents, ne vous forcez pas. Mais plus vous pratiquerez et plus vous serez à l'aise.

L'essentiel est de faire savoir à un homme que vous vous intéressez à lui : pour le complimenter, en savoir davantage sur lui-même et prendre de plus en plus de place dans ses pensées.

24.

LES HOMMES, LES RENDEZ-VOUS, LA SEXUALITÉ ET LE MARIAGE

Certaines questions sont souvent laissées de côté dans les livres traitant du foyer monoparental. C'est précisément une de ces questions que nous allons aborder. En lisant certains de ces livres, on pourrait penser qu'une fois que le père et la mère se sont séparés, chacun de son côté met une ceinture de chasteté pour ne l'enlever qu'en se remariant.

Bien sûr, comme tous les parents seuls, vous savez que c'est faux. Mais malheureusement, au plus profond de votre inconscient, vous croyez peut-être que c'est vrai.

Vous Hélène, trente-quatre ans, vous vous retrouvez divorcée après douze ans de mariage avec deux garçons de six et huit ans. Vous, Gwen, veuve à quarante-trois ans, après vingt-trois ans de bonheur brutalement interrompu par la crise cardiaque de votre mari, vous restez seule avec un garçon de huit ans et une fillette de treize. Vous êtes l'une et l'autre intelligentes, avec des personnalités extraverties. Vous avez toutes deux un physique attirant. Bientôt, les hommes vont commencer à vous proposer des rendez-vous. Et cela vous amènera à vous poser cette question : Que faire en matière de sexualité ? »

Vous trouverez sans doute facilement des guides qui vous aideront à répondre à cette question. Certains, traditionalistes, vous diront sans ambages : « Évitez à tout prix toute relation sexuelle avant d'être remariée. Vous ne devez pas vous laisser aller au-delà de quelques tendres baisers. C'est la règle pour une femme honnête. Bien sûr, les hommes vont vous poursuivre de leurs assiduités. Telle est leur nature bestiale. Mais il est de votre devoir de femme, de guide pour vos enfants de leur dire “ non ” et de vous y tenir. Quelques minutes de plaisir valent-elles une vie de regret ? » Voilà ce que vous diront les gens bien-pensants.

D'autres vont essayer de vous pousser à l'attitude inverse. « Gwen, ne suis pas ces règles d'un autre siècle. C'est ridicule. Plus personne ne vit comme cela. Fais l'amour chaque fois que tu en as l'occasion ! C'est comme ça que vivent les femmes, de nos jours — pourquoi serais-tu différente ? »

Je pense que les unes et les autres sont également stupides. *Parce que ce sont des règles.* Et les règles ne s'adaptent jamais aux cas individuels. Chaque femme est unique, avec un milieu familial particulier et les règles sur la sexualité ne peuvent s'appliquer de la même façon à chacune.

Si Hélène est très amoureuse d'Henri, a une relation durable et sérieuse avec lui et qu'elle désire finalement l'épouser, va-t-elle se contenter d'attendre leur mariage pendant deux ans avant d'avoir des rapports sexuels avec lui ? Dans ce cas, elle n'est pas prête à suivre la morale conservatrice.

Quant à Gwen, elle vient tout juste de rencontrer un homme, et c'est leur second rendez-vous. Il lui plaît peut-être physiquement. Une partie d'elle-même souhaite avoir des relations sexuelles avec lui mais l'autre en a très peur. Elle n'a jamais couché avec un homme dès le deuxième rendez-vous et cette idée la terrifie. Les voix libérées lui soufflent : « Allez, Gwen, vas-y. Nous vivons à une époque moderne. » Et ces voix ne font qu'accroître sa crainte. Sans tenir compte de ce qu'on lui dit, il lui faudra personnellement attendre d'être prête. Si elle se précipite pour faire l'amour avec lui, elle risque de se sentir terriblement coupable.

J'en arrive maintenant à ma réponse sur la mère seule et la sexualité. Je ne crois pas que vous puissiez vous fixer des règles. Vous êtes un individu, aucune règle ne vous convient vraiment et ne peut vous guider.

Au lieu de cela, essayez d'écouter ces guides merveilleux qui sont déjà en vous et que sont vos sentiments ! Ils sont toujours fondés sur votre être tout entier, y compris l'éducation reçue dans la petite enfance. Vos sentiments s'adaptent à vous. Et ils ne seront jamais démodés.

Si donc vos sentiments vous suggèrent d'embrasser cet homme, faites-le. Et s'ils vous soufflent le contraire, ne l'embrassez pas.

Si vous faites confiance à vos sentiments plutôt qu'à des règles qui ne vous conviennent pas, vous tranchez d'un coup toutes ces questions que les femmes se posent et dont elles discutent entre elles.

Par exemple, devrait-on avoir des rapports sexuels avec un homme dès le premier rendez-vous ? Certaines diront : non (côté traditionnel), d'autres : pourquoi pas ? (côté libéré). Je vous demanderai ce que vos sentiments vous suggèrent. Écoutez-les : ils vous diront ce que vous devez faire.

Mais vous pouvez vous retrouver aussi avec des sentiments partagés. Une partie d'entre eux vous poussent à coucher avec lui et d'autres vous l'interdisent. Dans le cas de sentiments contradictoires, je vous conseille de suivre les interdits. Attendez que les sentiments soient favorables au moins à 90 % avant de vous décider.

Autre question que se posent de nombreuses femmes : « Dois-je laisser un homme passer la nuit chez moi ? Est-ce que cela risque d'être néfaste pour les enfants ? »

Répondre simplement par « oui » ou par « non » consiste à établir une règle. Et nous avons vu comme c'est peu satisfaisant.

Au lieu de cela, demandez-vous s'il vaut mieux que Martin couche à la maison ou non. Vous connaissez vos propres enfants. Vous savez quels sont leurs rapports avec lui. Introduisez tous ces sentiments dans votre conscience personnelle et vous trouverez la réponse.

Vous avez remarqué que je ne vous dis pas s'il faut ou non commencer une relation sexuelle. Si je le faisais, ce serait encore donner une règle et nous savons déjà que toute règle est mauvaise.

Je donnais une conférence sur le foyer monoparental quand une jeune femme se leva pour me dire : « Vous semblez nous présenter une façon tout à fait révolutionnaire de répondre aux questions sur le sexe. Qui êtes-vous pour nous dire ce qui est bien et ce qui est mal dans ce domaine ? »

Je lui répondis : « Tout d'abord, je ne vous dis PAS ce qui est bien ou mal à l'égard de la sexualité. Dire que c'est bien ou mal, c'est énoncer des règles et je me garderais bien de le faire.

Deuxièmement, ces idées sont à l'opposé des miennes. Vous seriez stupéfaite de savoir qu'elles viennent de Jésus de Nazareth. Jésus dit un jour : « Le sabbath (et il désignait non seulement les règles du sabbath, mais toutes les lois religieuses et morales) a été fait pour l'homme, et non pas l'homme pour le sabbath. " Jésus voulait dire par là que toutes les règles religieuses et morales ne sont créées que pour le bien de l'homme et que l'homme n'est pas destiné à être l'esclave de ces lois. C'est pourquoi Jésus a délibérément enfreint la loi du sabbath ainsi que les dix commandements. Il a dit : " Faire le bien le jour du sabbath est plus important que de respecter la loi sans rien faire. " Ainsi Jésus enseignait une attitude entièrement nouvelle devant la vie, attitude qui s'écartait totalement de considérer les lois comme principe de décision dans nos actes. J'ai pris vos sentiments comme moyen de déterminer ce que vous aimez et ce qu'il convient de faire dans une situation donnée en fonction de vos aspirations. »

Si vous prenez vos sentiments comme guides de vos actes, vous constaterez que ce principe va à l'encontre de toutes les lois et règles que les autres cherchent à vous imposer. Et une fois habituée à ce nouveau principe, vous découvrirez que vous avez trouvé le chemin de la vraie liberté.

Encore un mot pour terminer. Si vous avez une vie sexuelle et que vous ayez des enfants, la question va tôt ou tard se poser. Comment aborder cette question avec eux ? Un seul conseil : dites la vérité, sans pour autant divulguer tous les détails de votre vie intime. Mais si vous traitez toujours ces questions avec franchise, sans jamais mêler le mensonge et la vérité, tout ira bien. Souvent, les parents prétendent que leurs enfants sont trop jeunes pour qu'on leur dise la vérité sur ces questions, parce qu'ils ne peuvent pas comprendre. Erreur : ce sont les parents qui n'ont pas compris ce qu'il fallait faire dans cette situation.

25.

DU FOYER MONOPARENTAL AUX BEAUX-PARENTS

Quand un parent seul se remarie, il a toutes chances d'épouser quelqu'un qui a des enfants et par là même de devenir beau-père ou belle-mère. Parfois, ces enfants vont vivre dans la nouvelle belle-famille, ou bien ils seront de simples visiteurs.

Il y a actuellement aux États-Unis vingt-quatre millions de maris et de femmes qui sont beaux-pères ou belles-mères. Un mariage sur trois est un remariage pour l'un des deux partenaires. En gros, un enfant sur huit est aujourd'hui beau-fils ou belle-fille. Chaque année, un million d'enfants et un demi-million d'adultes deviennent membres de belles-familles. Avec les divorces qui ne cessent d'augmenter, ce schéma devient de plus en plus courant.

A mon avis, c'est une lourde tâche que d'être parent. C'est une tâche encore plus lourde d'être parent seul. Mais c'est une tâche ÉPUISANTE que d'être BEAUX-PARENTS. Pourquoi ?

On peut en trouver une des raisons dans une annonce relevée dans un journal pour gens seuls, annonce rédigée par un homme de trente-huit ans : « Enfants acceptés si bien élevés. » Il suffit à une femme perspicace de lire cela et de réfléchir un instant pour savoir qu'épouser un homme avec de telles opinions c'est jouer à la roulette russe avec soi-même. Pourquoi ?

Relisez attentivement les mots utilisés : « Enfants acceptés » et non pas « bienvenus » ou « tout à fait d'accord pour des enfants » ou « enfants acceptés avec plaisir ». Cet homme les accepte avec réticence ou pour le moins avec tiédeur. Nous lisons la suite : « S'ils sont bien élevés. » Une femme qui interprétera correctement le sens caché de cette phrase, saura que cet homme dit en fait : « J'accepte les enfants seulement s'ils se comportent comme des adultes en miniature. Ils devront être paisibles, marcher sans bruit, ne jamais crier ou courir. » En résumé, comme le dit le vieux dicton : « On doit voir les enfants mais ne pas les entendre. » Si une mère, quel que soit l'âge des enfants, épouse un homme avec un tel point de vue, vous pouvez être sûr qu'elle aura des difficultés. Il est évident que leurs définitions respectives d'un enfant bien élevé seront radicalement opposées.

C'est un des problèmes qui peuvent faire surgir les dissensions dans un couple remarié. Dans n'importe quel autre couple, il n'y a que deux personnes concernées. Dans un remariage, au moins un des époux, sinon les deux, n'arrive pas tout seul.

Dans le remariage typique, les deux conjoints agissent sans tenir compte des enfants. Ils s'aiment, ils vont se rendre heureux pour toujours et leur mariage se limite à cela. Ils ont peut-être songé à leurs styles de vie à chacun pour se demander s'ils allaient s'adapter. Mais ils ne se sont jamais demandé un instant comment les enfants allaient s'entendre. Avant le mariage, ils ignorent béatement les courants de jalousie et d'envie qui vont se développer entre les enfants et les adultes. Il ne leur faudra pas plus de deux semaines pour les découvrir.

Ils ont sans doute fait l'expérience de la jalousie et des rivalités entre frères et sœurs dans leur ancienne famille. Mais ils comprendront vite que cette jalousie dans une famille intacte est une plaisanterie à côté de celle qui peut naître dans une belle-famille.

Une des phrases les plus courantes que j'entends dans les belles-familles que je connais ou qui me consultent est à peu près la suivante : « Je ne savais pas du tout dans quel guêpier je tombais ! — J'aime encore Walter, mais il ne m'était jamais venu à l'esprit que cela pourrait se passer comme ça ! »

Il y a tant de terrains minés dans une belle-famille que je ne saurais trop vous conseiller d'aller consulter un psychologue avant de vous remarier. Continuez ces consultations tant qu'elles seront nécessaires. Et si vous me répondez que vous n'en avez pas les moyens, je vous dirai : « Vous n'avez pas les moyens de vous en dispenser si vous souhaitez avoir la famille dont vous rêvez. »

Comprenez-moi. Je ne veux pas dire par là que vous ne pourrez pas avoir une vie de famille heureuse. Mais il faut y travailler et pour y réussir il faut éliminer un grand nombre de pièges. Ce n'est pas facile, mais ce n'est pas vraiment impossible. Je connais des belles-familles au moins aussi heureuses que les autres. Certaines même le sont davantage. Le problème vient de ce que beaucoup croient qu'être parent ou beau-parent ne fait aucune différence. Or, il n'en est rien. Pour une mère, s'occuper d'un enfant qu'elle a porté dans son corps, à qui elle a donné le jour et qu'elle a soigné est très différent de s'occuper d'un enfant avec lequel elle n'a aucun lien biologique.

Les parents naturels ont infiniment plus de temps pour s'adapter à leur rôle pendant que leurs enfants passent de l'état de bébé à l'enfance. Les beaux-parents doivent expérimenter ce que j'appellerai « la paternité ou la maternité instantanées ». Ainsi, le mardi, ils ne sont les parents de personne et puis, le mercredi, ils se retrouvent avec un petit garçon de onze ans et une petite fille de huit ans. Presque tous les beaux-parents disent la même chose : « Je n'avais pas pensé que cela serait aussi difficile ! »

Pourquoi les gens sont-ils si peu préparés aux difficultés qu'ils rencontrent avec leurs beaux-enfants ? La plupart ne mesurent pas la diversité étonnante des composantes affectives d'une belle-famille, avant d'y être confrontés. Vous avez l'impression de marcher sur des sables mouvants. Vous ne comprenez pas tout de suite à quel point la situation est difficile. Puis quand vous essayez de vous dégager, vous vous rendez compte que l'endroit est dangereux. Et vous aurez besoin de toute votre force et de toute votre habileté pour vous en sortir.

La belle-famille est transpercée de toutes parts par la jalousie. Vous avez connu la jalousie normale des enfants et des adolescents dans la famille biologique, mais ce n'était rien en comparaison de cette belle-famille nouvelle et déconcertante. Jamais encore ses membres n'ont goûté un poison aussi intense dans leurs rapports affectifs. Dans les familles mixtes, on ne rencontre pas seulement la jalousie, mais des sentiments complexes et ambivalents. Et quand les membres de la belle-famille réalisent à quel point les sentiments qu'ils éprouvent sont ambivalents, ils sont frappés de stupeur.

Il faut que les beaux-parents apprennent à vivre avec

ces sentiments complexes, à les accepter. En entrant dans l'univers réel de votre belle-famille, vous devez cesser de vous leurrer et être conscient des sentiments mêlés que vous éprouvez pour vos beaux-enfants. Vous ne ressentirez jamais la même chose pour eux que pour vos propres enfants.

Ainsi les beaux-parents doivent apprendre à supporter qu'un des parents naturels soit idéalisé. Par exemple, Georges, dix ans, reçoit très peu de visites de son père, alcoolique par ailleurs. Pourtant, il efface tous les défauts de son père et raconte partout qu'il est merveilleux.

Jusqu'à présent, j'ai considéré que vous aviez à lutter contre la jalousie et l'envie *à l'intérieur* de la belle-famille, comme si le père ou la mère restaient hors de la scène. (Vous ne les aviez pas oubliés ?) Ils vous laissaient tranquilles, sans vous harceler. Malheureusement pour vous, ce n'est pas toujours le cas. Alors, au moment où vous pensiez avoir réglé les problèmes au sein de votre nouvelle famille, vous vous rendez compte qu'à proximité, un homme et une femme sont en train de vous prendre pour cible.

Certains penseront que j'exagère ces difficultés. Demandez donc à un couple remarié de vous dire franchement ce qu'ils en pensent.

Vous découvrirez que le père et la mère remariés sont sans cesse soumis à un vrai tir de barrage de la part des ex-conjoints, par l'intermédiaire des enfants.

Le rôle du père ou de la mère (biologiques) est clairement défini, mais le rôle des beaux-parents est vague et imprécis. Vous n'êtes pas le père ou la mère que vos beaux-enfants regrettent, et vous ne pourrez jamais les remplacer dans leur esprit. Alors, pour eux, qu'êtes-vous au juste ? Quelqu'un vivant sous le même toit. Vous devez vous tailler votre place dans le complexe familial. Nous verrons comment faire un peu plus loin dans ce livre.

Les beaux-parents croient que s'ils sont tombés amoureux l'un de l'autre, leurs enfants vont faire de même. Ils se rendent compte très vite que cette idée est totalement fausse.

Que pouvez-vous faire pour que l'adaptation des beaux-enfants se fasse avec le moins de difficultés possibles ?

Premièrement, soyez prête à rencontrer des obstacles. Si vous en êtes avertie, vous aurez un avantage sur la majorité des gens qui, en se remariant, baignent dans un bonheur absolu, inconscients des rapides qu'ils vont rencontrer au tournant du fleuve. Tout le monde, autour d'eux, est ému et heureux. Ils ont trouvé l'âme sœur, et pensent à peine à leurs enfants, tant ils sont absorbés l'un par l'autre. Mais, très vite, leurs yeux s'ouvrent, et vous les entendrez dire à leurs amis : « Mon Dieu ! Je ne savais pas que ce serait comme ça ! Ces gosses nous gâchent la vie ! »

Deuxièmement, sachez que la situation ne va faire qu'empirer, parce que les gens ne comprennent pas leurs beaux-enfants, ils sont à leurs yeux pires que tous les autres. Ils ne parviennent pas à les atteindre ni à deviner leurs intentions.

Troisièmement, avant que vos beaux-enfants n'entrent dans votre foyer, consultez dès que possible un psychologue. Ne faites pas appel à un prêtre ni à un médecin, à moins qu'il ne soit aussi psychologue. Peut-être direz-vous que vous n'en avez pas les moyens, là encore. Je vous répondrai seulement que vous risquez ensuite de payer bien plus cher un avocat.

Quatrièmement, après un remariage, installez-vous si

possible dans un nouvel appartement ou une nouvelle maison. Vous penserez peut-être que ce n'est qu'un détail. Je vous assure que non ! Il sera très important de définir aussi le nouveau domaine de chaque enfant.

Je me rappelle le cas d'une famille issue d'un remariage, avec des garçons de huit et dix ans. Pour partir en vacances, la belle-mère avait rangé les affaires des enfants dans deux grands tiroirs de la caravane. Ricky, l'aîné, se plaignait de ne plus avoir *son tiroir.* Le père l'entendit et glissa à sa femme : « Depuis cinq ans que nous voyageons dans cette caravane, cela a toujours été son tiroir. On pourrait peut-être le laisser choisir. » Et Ricky retrouva son sourire quand on eut accédé à sa demande. Il est donc très important de voir quel espace réserver à chaque enfant, même s'il s'agit seulement d'un tiroir.

Si le père ou la mère, ou l'enfant lui-même, décident de mener contre vous une campagne plus ou moins insidieuse, vous devrez faire face à un autre problème. Vous vous passeriez fort bien des remarques blessantes, des regards vengeurs, et des incidents de frontière qui éclatent dans la cuisine ou dans la salle de bains : voilà qui peut devenir exaspérant après un jour ou deux, à plus forte raison après une semaine ou plus.

Ce sera souvent aux deux parents de rétablir l'ordre. Et chacun se dira souvent : « Avec tout ce que j'ai fait pour cet enfant, il pourrait au moins se montrer reconnaissant ! »

Cinquièmement, n'essayez pas d'aller trop vite pour établir de bonnes relations avec vos beaux-enfants. Procédez tout doucement. Laissez-leur du temps et de l'espace pour réagir, sinon ils vous écarteront de leur affectivité.

Voici un exemple * pour illustrer une tentative trop rapide pour établir des relations avec un beau-fils de huit ans :

« Je t'aime », dit-elle.

« Cela n'est pas vrai ! » répond l'enfant. « Tu ne me connais même pas. »

Si vous avez un contact facile avec l'enfant, vous pouvez envisager de lui faire un petit cadeau, en veillant à ce qu'il ne l'interprète pas comme une manœuvre psychologique pour acheter son affection. Faits avec délicatesse, les cadeaux peuvent être un bon moyen de mettre en confiance les moins de onze ans. Les adolescents sont plus difficiles à atteindre ; évitez les trop beaux cadeaux, qui les gêneraient et leur donneraient l'impression que vous les forcez. Voici quelques idées pour un adolescent : deux billets pour un bon concert de rock (pour pouvoir emmener un ami), pour un match, un disque ou une cassette de la musique qu'il aime. C'est le genre de cadeau qu'il appréciera sûrement.

Sixièmement, utilisez à fond la technique du feedback. Cela vous permettra de rester en contact avec l'enfant et de ne pas trop en dire vous-même. Résistez à la tentation de faire la leçon et de donner des conseils.

Septièmement, essayez la méthode du « conseil de famille » une fois par semaine ou davantage si c'est nécessaire. C'est une occasion pour les enfants d'exprimer leurs sentiments aussi bien qu'un lieu pour régler les problèmes en évitant les sermons des adultes.

Si vous vous posez la question de savoir comment vous faire appeler par vos beaux-enfants, sachez que

---

* Pris dans le livre de Ruth Roosevelt et Jeannette Lofas, *Living in Step,* New York, Mc Graw-Hill, 1976.

l'enfant se sentira plus à l'aise en vous appelant par votre prénom plutôt que d'avoir à dire maman ou papa. S'il choisit spontanément de vous le dire par la suite, ce sera parfait.

Voici quelques-uns des facteurs qui ternissent l'image psychologique du beau-père ou de la belle-mère : les divorcés se remarient généralement plus vite que les veufs, ce qui fait qu'à la suite d'un divorce, l'enfant aura moins de schémas familiaux à abandonner.

L'image de la mère ou du père disparu sera plus souvent idéalisée et embellie, et dans ce cas l'enfant aura tendance à rejeter son beau-père ou sa belle-mère et à le considérer comme un instrus. Si les parents sont divorcés, l'enfant aura le plus souvent un autre foyer où se replier au cas où la situation deviendrait trop difficile pour lui. Les divorces se produisant plus tôt que les décès, les enfants de divorcés sont plus jeunes et ont moins de difficultés à s'adapter à leurs beaux-parents. Si vous n'avez pas eu vous-même d'enfants, vous aurez sans doute plus de mal à vous habituer à vos beaux-enfants.

L'adaptation semble plus facile avec de très jeunes enfants et avec les jeunes gens. Les premiers sont plus souples et acceptent mieux un nouveau père ou une nouvelle mère, et les derniers, ayant déjà une expérience de la vie, se rapprocheront plus facilement d'un nouveau parent qui saura les comprendre. Les adolescents sont d'un abord difficile parce qu'ils sont rebelles et révoltés, même au sein d'une famille normale. Et quand vous essayez de faire entrer un adolescent en pleine crise dans une belle-famille, la situation est explosive.

Faut-il adopter légalement un enfant si son vrai père (sa vraie mère) a disparu ? Oui, si vous le souhaitez.

Mais si le vrai parent se manifeste encore, ce serait une grave erreur qui n'améliorait en rien les relations au sein de la belle-famille.

Voyons maintenant comment accueillir le beau-fils ou la belle-fille qui vit chez son autre parent et vient en visite chez vous aux week-ends ou pendant les vacances ? Les problèmes dans ce cas peuvent venir du fait que le visiteur établit une comparaison entre les deux foyers et dresse une des familles contre l'autre.

Établissez un planning précis pour les visites et respectez-les. Si plusieurs enfants sont concernés, je suggère de réserver à chacun des visites séparées et de les recevoir ensemble seulement après un certain temps. Ainsi chaque enfant aura la possibilité d'établir sa propre relation avec vous. Ensuite la réunion de tous les enfants apportera un sentiment d'unité profitable à la famille. Il est très important que vous soyez d'accord avec votre conjoint pour traiter tous vos enfants de la même façon.

J'ai essayé de vous donner un aperçu réaliste de la famille issue d'un remariage. J'espère que vous ne vous sentez pas concerné par tous ces problèmes à la fois, et que vous n'êtes pas trop découragé. Je voudrais maintenant terminer sur une note optimiste.

J'essaye toujours de me tenir au courant de ce que font les autres psychologues. C'est pourquoi j'ai voulu suivre un cours sur la famille issue du remariage dans une université. J'ai remarqué quelque chose d'étrange dès la seconde séance : les cinq couples qui se trouvaient là se tenaient par la main. Ce détail m'a frappé parce que je n'avais jamais assisté à un cours où tous les étudiants se comportaient ainsi. Je leur ai demandé pourquoi. Un des hommes du groupe m'a répondu : « Parce qu'après tout ce que nous avons subi, nous sommes heureux d'avoir réussi. C'est notre façon de nous remercier mutuellement. » J'avais devant moi cinq couples qui avaient survécu à toutes les épreuves et à tous les pièges de la belle-famille, qui avaient résisté jusqu'au bout aux attaques des vrais parents et des enfants, et qui pouvaient enfin profiter pleinement de leur situation de beaux-parents heureux. Quel exemple magnifique !

J'espère que toutes les indications données dans ce chapitre vous permettront de bâtir, en vous remariant, une nouvelle famille aussi heureuse que celle de ces cinq couples.

26.

LES NOUVELLES FAMILLES

Beaucoup de gens se posent aujourd'hui la question de savoir ce que sera la famille à l'avenir. On lit déjà avec beaucoup d'intérêt tous les articles qui paraissent à ce sujet. Et nombreux sont ceux qui redoutent qu'en suivant la tendance actuelle, la famille n'aille à la ruine. Il n'est donc pas hors de propos que je termine ce livre en vous donnant mon opinion personnelle sur les perspectives dans le présent et dans le futur. Il est extrêmement difficile de dire à l'avance comment sera la famille du futur. Tout ce que l'on peut dire, c'est qu'il n'y aura pas UNE famille, mais de nombreuses familles.

Je remarque en premier lieu la rapidité incroyable des changements qui sont en train de se produire. Il existe des endroits au monde qui ont à peine changé au cours des cent dernières années. Mais notre sujet consiste plutôt à observer le changement qui s'opère à un rythme croissant. Voici donc mes prévisions, faites à partir de ce qui se passe actuellement dans notre société :

1. Les femmes seront de plus en plus nombreuses à travailler. Ce qui devrait entraîner beaucoup d'autres transformations. Leur importance économique et leurs

revenus vont changer. Les luttes visant à donner aux femmes un juste salaire pour leur travail vont se poursuivre. Un plus grand nombre de mères au travail entraînera inévitablement davantage de divorces. En effet, dans une société donnée, moins les femmes travaillent et moins il y a de divorces. Les rapports entre mères et enfants vont aussi changer. Si les mères travaillent à plein temps ou à mi-temps, qui élèvera les enfants ? La crèche, l'école maternelle, un membre de la famille, une gardienne rétribuée ?

2. Les rôles respectifs des hommes et des femmes subissent déjà de profondes transformations et le mouvement va continuer. Il y a cinquante ans les rôles de la mère et du père étaient très stables et n'avaient pas changé depuis des années. De nos jours, les hommes et les femmes sont attirés dans plusieurs directions. D'une manière ou d'une autre, ils ont à répondre à des questions telles que : Faut-il se marier ou assurer sa carrière professionnelle ? Si je me marie, faut-il avoir des enfants ? Dois-je me consacrer à ma carrière ou plutôt à l'éducation de mes enfants ? Quelles caractéristiques définissent l'homme et la femme ? Si vous voulez provoquer une discussion animée, essayez donc de lancer une de ces questions dans une réunion ou avec vos amis.

3. Les familles issues de remariages seront de plus en plus nombreuses. Actuellement, un enfant sur huit a un beau-père ou une belle-mère. Cette proportion va augmenter à l'avenir et il est important de savoir qu'il est beaucoup plus difficile de mener à bien l'éducation des enfants issus d'un remariage que dans un foyer monoparental ou un foyer intact. Alors que notre société ignore cette situation, les familles issues d'un

remariage vont jouer un rôle de plus en plus important dans notre schéma familial.

4. L'influence du mouvement féministe va continuer de se faire sentir. Bien des gens en sous-estiment la force. Le mouvement féministe ne se limite pas aux amazones new-yorkaises qui écrivent des livres et qu'on voit souvent dans les débats télévisés. Allez donc parler à la plus modeste fermière d'une lointaine campagne et vous verrez que le mouvement féministe est arrivé jusque-là. Elle vous dira, si elle a des enfants, qu'elle les élève dans un esprit non sexiste. Elle vous répondra sans doute, comme on me l'a dit : « A mi-chemin, entre homme et femme. » Ne sous-estimez donc pas la force de ce mouvement. Il influence les mères, les pères, les jeunes et les enfants.

5. Le nombre des foyers monoparentaux va lui aussi augmenter. J'ai essayé dans ce livre de donner des conseils pratiques pour vous aider dans l'éducation des enfants qui vivent dans un tel foyer. Veillez à ne pas minimiser non plus les énormes difficultés que doit affronter le parent seul pour assurer son bonheur et réussir l'éducation de ses enfants. C'est particulièrement vrai s'il s'agit d'une femme seule qui élève un garçon.

6. De plus en plus de femmes divorcées ne se remarieront pas. Il y a trente ans, quand une femme divorçait, elle faisait très attention à ne pas refaire la même erreur. Elle était donc extrêmement prudente dans le choix d'un second mari. Cela a bien changé, et de nos jours beaucoup de femmes divorcées ont gardé un si mauvais souvenir de leur premier mariage qu'elles refusent tout simplement de courir le risque de se remarier.

Je considère que c'est une mauvaise attitude. Comme

si, après avoir eu un accident avec votre première voiture, vous décidiez de ne plus jamais conduire. Il est certain que vous ne risqueriez pas d'avoir un autre accident. Mais, en même temps, cela vous rendrait la vie difficile.

A mon avis, la solution la plus raisonnable est de se remarier en veillant à faire un bon choix. Mais comment se faire entendre de ces femmes blessées par un mariage malheureux ?

7. Il y aura davantage de femmes célibataires, car les femmes susceptibles de se marier sont beaucoup plus nombreuses que les hommes dans notre société.

8. On verra de plus en plus d'homosexuels, hommes et femmes, qui s'afficheront au grand jour. Dans certaines villes, cette situation devrait trouver une solution facile tandis que dans certaines autres régions on manifestera moins de compréhension.

10. Le nombre des divorces va augmenter, et sans doute dans de grandes proportions. La raison de cette augmentation est simple. Autrefois, il existait de nombreuses barrières pour empêcher les couples de divorcer : interdits religieux, habitudes sociales, etc. Mais surtout, si une femme voulait divorcer, elle se trouvait sans ressources. Elle n'aurait pas pu se débrouiller seule dans la vie. L'un après l'autre, ces obstacles sont tombés. Et les divorces en nombre croissant démontrent clairement que beaucoup de mariages ont des bases fragiles.

Peut-être qu'un jour notre société sera assez sage pour décider que le mariage est une affaire trop importante pour être laissée au hasard. Nous aurons alors dans les universités des cours obligatoires, et dans les collèges des cours facultatifs sur cette question. Mais rien ne montre qu'actuellement notre société soit assez sage pour s'aviser de préparer les gens au mariage.

11. On traitera encore plus librement et plus ouvertement de la sexualité. Cette liberté sera farouchement combattue par les groupes conservateurs. Le fait de parler encore plus ouvertement de ces questions entraînera de nombreux conflits entre parents et adolescents, entre la liberté de la presse et la censure.

12. Les enfants seront de plus en plus éveillés à l'avenir malgré les faiblesses des écoles publiques et privées. Leur intelligence sera beaucoup plus développée en comparaison de celle des mêmes enfants d'autrefois. Cette évolution viendra principalement des nouvelles écoles auprès desquelles vos enfants puisent leurs connaissances : la télévision et la radio.

Bien sûr, il subsistera encore un petit nombre d'enfants qui aimeront encore lire, mais ils constitueront une minorité. Toutefois, si vous suivez les conseils que je donne dans ce livre, vous serez en mesure d'inciter votre enfant à faire partie de cette minorité.

13. Le nombre de couples vivant en concubinage va s'accroître régulièrement. Et bien que cette attitude soit mal acceptée par les générations plus âgées, la pratique de la cohabitation va se généraliser.

14. En dépit de tous ces énormes changements, la structure familiale de base subsistera : le père qui assure les ressources du ménage, la mère au foyer, les enfants. Cette structure se maintiendra principalement dans les petites villes et dans les zones rurales. Mais la masse des citadins adoptera un des différents schémas familiaux mentionnés plus haut.

Les bouleversements que j'ai décrits dans ce chapitre vont inquiéter bon nombre de pères et de mères. Mais si vous craignez vraiment que votre enfant soit attiré par une de ces nouvelles tendances de notre société, vous pourrez l'en dissuader en suivant les conseils donnés dans cet ouvrage.

Même si vous pouvez en douter à certaines périodes de sa vie (par exemple à l'adolescence), vous restez, en tant que parent, la personne qui a le plus d'influence sur votre enfant. N'écoutez pas les gens qui vous disent qu'un enfant de divorcé sera forcément malheureux ou perturbé. Il n'existe aucune preuve scientifique à l'appui. Si vous menez à bien son éducation en suivant mes conseils, rien ne l'empêchera de devenir l'adulte épanoui que vous souhaitez faire de lui.

TABLE DES MATIÈRES

VIVRE SEULE AVEC UN ENFANT

LES DIFFÉRENTES ÉTAPES DU DÉVELOPPEMENT DE L'ENFANT

VOTRE NOUVEAU MOI

*Cet ouvrage a été composé
par l'Imprimerie BUSSIÈRE
et imprimé sur presse CAMERON
dans les ateliers de B.C.A.
à Saint-Amand-Montrond (Cher)
en août 1993*

N° d'édition : 34365. N° d'impression : 2766-92/444.
Dépôt légal : septembre 1993.

Imprimé en France